Amado Nervo

Prosas

Barcelona **2024**
Linkgua-ediciones.com

Créditos

Título original: Prosas.

Sumario

Brevísima presentación

Amado Nervo (1870-1927) viajó, como otros modernistas, a París y Madrid desde donde escribió estas crónicas. Atento y curioso de los adelantos científicos del momento, supo captar la atmósfera de los inicios del siglo XX.

Los sabios y el misterio de la vida

El año de 1913 ha sido fértil para la ciencia.

Infinitos inventos e infinitas derivaciones prácticas de descubrimientos anteriores, han venido a aumentar enormemente el acervo mental humano. Empero, el problema por excelencia en que los hombres de laboratorio han trabajado quizá con más encarnizamiento, es el de la conquista de la energía intra-atómica, «de esa energía inmensa, capaz de dislocar y de romper el equilibrio indestructible que existe en los electrones constitutivos del átomo» y merced a la cual se redimiría al mundo, desapareciendo las desigualdades de la suerte que obligan a las cinco sextas partes de la humanidad a trabajar sin descanso para producir lo necesario a una sexta parte privilegiada. La energía intra-atómica, la utilización de las mareas y el aprovechamiento del calor solar, podrían por sí solos realizar con exceso toda la suma de trabajo que el mundo necesita para vivir.

Llegada la actividad científica al punto en que se halla, todo hace presumir que va a desbordarse en incontables aplicaciones. Los descubrimientos se seguirán vertiginosamente. Lo que soñábamos como lejano se volverá habitual, sin causarnos sorpresa ninguna, gracias a esa maravillosa facultad que poseemos de adaptarnos a todo.

El cinematógrafo, unido al fonógrafo, nos reproducirá la vida con su poderosa y sugerente realidad. La telegrafía inalámbrica, que merced a un minúsculo receptor de bolsillo está ya, por unos cuantos francos, al alcance de todo el mundo, pudiendo servir de antena... hasta un paraguas, nos pondrá en condiciones de suprimir el espacio; la visión a distancia será tal vez un hecho antes de que termine 1914. El aeroplano, para el cual Orvile Wright ha encontrado un estabilizador admirable, llegará a perfeccionamientos no imaginados. La transmutación de la materia (derivada del conocimiento de los átomos de que hablábamos antes), que ha valido a Ramsay éxitos llenos de un turbador enigma, ha de sorprendernos en breve con milagros de laboratorio. En suma, todo incita a creer que el año que ha empezado abrirá al cerebro humano horizontes inmensos... Pero el misterio de lo que esté más allá de esos horizontes, será tan esquivo, tan ilimitado, tan imponente como siempre...

«Con solo lo que ignoramos —ha dicho sir William Crookes— se podría construir el universo.» Y uno de los más prestigiados biólogos modernos, Mr. de Grammont Lesparse, en libro que acaba de aparecer en casa de Alean sobre *Les inconnus de la Biologie*, nos dice que, a pesar de todos los adelantos de esta ciencia maravillosa, no se puede dar un paso sin la noción de un principio intelectual, activo, simple y sin duda autónomo, Lagos, Clinamen, Espíritu, Alma (poco importa el nombre), «sin el cual nada se explica, con el cual todo se comprende».

Por su parte, el sabio doctor Gustavo Le Bon, hablándonos de los misterios de la vida, en una especie de balance de los adelantos psíquicos del año, afirma que en el terreno orgánico no ha podido ser formulada una sola hipótesis verosímil.

Se emplean únicamente palabras que no significan nada real, como fuerza vital, naturaleza, instinto, etc., y ellas constituyen las explicaciones de lo que ignoramos... «El hombre de ciencia las repite todavía algunas veces para simplificar sus descripciones; pero sabiendo bien que no tienen ningún sentido. Inútil es reflexionar mucho —dice— para ver que cuando se califica por ejemplo de fuerza vital el poder inexplicable que hace crecer una brizna de yerba o regenera la pata mutilada de una salamandra con sus vasos y sus nervios, nada se ha averiguado de la causa real de los fenómenos observados.»

«Los métodos que permitieron construir el brillante edificio de las ciencias físicas —añade— han revelado poca cosa de la naturaleza de los fenómenos vitales... El estudio físico-químico de la vida no es más que el de la muerte. Se desciende fácilmente de la vida a la muerte; pero no se vuelve a subir de la muerte a la vida.»

•••

Es cierto que la ciencia se ha dedicado a desentrañar los problemas de la actividad celular y no hay artículo de vulgarización que no nos hable de las células. Hasta los poetas usamos ya corrientemente la palabrita en nuestros versos:

«Células» por aquí, «células» por allá... Pero ¿qué es la célula en suma? Un misterio más, de complejidad mayor a medida que se le estudia.

«Cada célula —dice Le Bon— se conduce como si fuera dirigida por una inteligencia inmensamente superior a la de los más grandes genios...» «El sabio capaz de resolver con su inteligencia los problemas resueltos a cada hora por humildes células, sería de tal suerte superior a los otros hombres, que se le consideraría como a un dios...»

«El cuerpo de un mamífero cualquiera puede compararse a una vasta fábrica, que comprende muchos miles de millones de células microscópicas, cada una de las cuales representa un activo obrero. Están colocadas estas células bajo la dirección de centros nerviosos (a los que el propio Le Bon ha dado en otro tiempo el nombre de "centros de razonamiento biológico").

»Los obreros celulares se dividen en grupos, ocupados en faenas muy difíciles. Hay equipos de pequeños químicos, que elaboran sin cesar productos complicados, distribuidos a su vez por otras categorías de obreros en las diversas partes de la fábrica, para que sirvan al mantenimiento de los órganos. Esta utilización va acompañada de desechos, que células especiales dirigen hacia un sistema de conductos evacuadores, los cuales funcionan sin descanso».

«En una fábrica ordinaria, la tarea es fácil, porque cada obrero realiza siempre las mismas maniobras; pero en la fábrica de nuestra vida el obrero debe variar incesantemente su trabajo, de acuerdo con multitud de circunstancias. Debe asimismo defenderse de los numerosos enemigos que lo atacan, fabricando productos capaces de neutralizar su acción. A las diversas toxinas susceptibles de perjudicarlas, las células saben oponer inmediatamente las antitoxinas por ellas elaboradas y cuya complicada composición varía según las circunstancias.» «Tan solo para comprobar la prodigiosa tarea realizada por los obreros celulares, han sido necesarios siglos de investigación, pero tal investigación nada nos ha dicho de la naturaleza de las fuerzas que dirigen todo este trabajo. ¿Por qué el grano se transforma en árbol lleno de verdura? ¿Por qué una oruga se vuelve mariposa? ¿Cómo han adquirido los peces del fondo de los mares esos ojos de fuego, cuya estructura es muy superior a la de nuestros faros, y que les permite iluminar las tinieblas? ¿De qué manera las células clorofilianas absorben las radiaciones solares y transforman el ácido carbónico en carbono, con el cual las plantas fabrican el almidón y el azúcar que han menester? No es posible responder a ninguna de estas preguntas.»

•••

No es posible responder a ninguna de estas preguntas...

El hombre, pues, a pesar de la enorme ciencia adquirida, se encuentra en la primordial situación del niño que os abruma con sus porqués.

¿Por qué ando, papá? ¿Por qué veo? ¿Por qué Antonio tiene los ojos azules y yo los ojos negros? ¿Por qué sale un pájaro de ese huevecillo, y de ese otro un reptil, y de aquél un insecto? ¿Por qué...?

¿Pero sin esta interrogación deliciosamente torturadora, valdría la pena vivir? ¿Tendría alguna nobleza la existencia? ¿Habría poetas y artistas y filósofos? ¿Temblaría el amor en las miradas de los jóvenes?

¡Bendito seas, oh Desconocido, que nos escondes tantas cosas!

¡Oh Isis, tu velo embellece la vida, que sin él no fuera más que bostezo inmenso en la desolación helada del vacío!

El optimismo

Cada época trae su enfermedad, pero también encuentra su remedio. Las panaceas se suceden a través de los siglos, paralelamente a las dolencias, y no ha habido ninguna que carezca de eficacia real... a condición de emplearla con fe.

La característica de nuestro tiempo es la fiebre del negocio, la ávida busca del bienestar material, el ansia de placeres inmediatos, el desenfrenado amor a la riqueza. La vida en las grandes ciudades adolece de una vibración formidable y la consecuencia natural de todo esto es la neurastenia. La neurastenia puede, pues, considerarse como el mal del siglo XX, mal implacable contra el que son impotentes todas las riquezas de Rockefeller y todos los paraísos artificiales de París. El millonario que creyó haber conquistado el mundo, empieza de pronto a sentir miedo, inquietud de algo vago, impreciso; una sensibilidad morbosa lo lleva a paroxismos de ira por la menor contradicción. Tiene amagos de locura. El médico, solemne y caro, a quien consulta, lo envía de unas en otras aguas, de una en otra estación terápica, donde cómplices astutos completan la sangría pecuniaria iniciada en Londres, en París o en Berlín.

Para los pobres, el caso es más desesperado. La neurastenia muestra aspectos tan terribles como para los ricos; pero no hay posibilidad de distracción, ni de tregua. Al infierno del taller, de la fábrica, de la casa de comercio, sigue el infierno del hogar, el imperioso problema económico de todos los instantes, la acidez del humor, el incesante alfilerazo del cónyuge menos paciente.

He aquí, pues, el enemigo, he aquí la dolencia actual, complicada en los espíritus más altos con la inquietud filosófica y con la imposibilidad de dar del mundo una explicación intelectual convincente para todos.

Pero decíamos que cada época trae también su remedio. ¿Cuál es el de este desequilibrio? Hay uno que apunta desde hace tiempo y asoma por todas partes. Se basa en una filosofía que arranca desde la antigüedad, pero que adquiere hoy intensidades insólitas. Puesto que los fenómenos exteriores no tienen en el yo más influencia que la que les da nuestra concepción acerca de ellos; puesto que todo lo que pasa no nos hiere sino en la medida de nuestra aceptación íntima; puesto que los sucesos y las cosas en sí nada son y para nosotros no tienen otro ascendiente que el que les confiere el concepto que de ellos nos formamos, si por medio de una educación relativamente fácil de la voluntad llegamos a un concepto luminoso, riente de la vida, nada logrará ya herirnos ni desconsolarnos; los incidentes diarios esperarán a la puerta de nuestra alma para volverse malos o buenos, según el color de que nuestra alma los vista, y ella los vestirá a todos de colores claros y resplandecientes.

No es éste, no, el panglossismo con que Voltaire se burlaba de las teorías de Leibnitz; es el optimismo de los Emerson, de los Whitman, de los Marden, de los Taine; es el optimismo de Teodoro Parker, de Everett Hale, y si queremos buscarle antecesores entre los grandes hombres de otros siglos, es el optimismo maravilloso de San Agustín y de San Francisco de Asís. Es la convicción que Rousseau en sus primeros escritos, Diderot, Bernardino de Saint Pierre, etc., tenían de la bondad esencial de la naturaleza, unida a un ímpetu de amor cordial y generoso de todo, que ellos no podían tener porque es preciso para sentirlo un poco de misticismo, pero que tienen muchos de los grandes espíritus modernos.

Veamos los efectos de este estado de alma infinitamente simpático y eficaz, en Whitman, por ejemplo.

El doctor Bucke, discípulo del gran poeta, nos dice: «Su ocupación favorita parecía ser el divagar solitario por el campo, mirando la hierba, los árboles, las flores, los juegos de luz, los aspectos cambiantes del cielo; escuchando a los pájaros, a los grillos, a las ranas y los mil rumores de la naturaleza. Era manifiesto que gozaba más, infinitamente más de lo que nosotros gozamos normalmente. Antes de conocerle no me había venido a las mientes que ante un espectáculo tal pudiese experimentarse la dicha perfecta que sabía extraer de todas las cosas... Para él todo objeto natural parecía tener un atractivo. Todos los espectáculos, todos los sonidos parecían agradarle. Se veía que amaba a todos los hombres, a todas las mujeres, a todos los niños que encontraba en su camino.

«Quizás no ha existido nunca un hombre que haya amado tantas criaturas y que haya desdeñado tan pocas...

«Sin embargo, nunca le oí decir que amara a alguien; pero todos aquellos a quienes conocía sentían que los amaba y que amaba a muchos otros aún.

Jamás lo vi discutir o enojarse; jamás hablaba de dinero. Defendía siempre, ya riendo, ya en serio, a sus detractores y a sus críticos, y hasta he llegado a pensar que hallaba cierto placer en los ataques que suscitaban sus escritos o su persona. Cuando le conocí creí que se dominaba y no permitía a su impaciencia o a su rencor que se manifestasen por las palabras. No me había venido al espíritu que tales sentimientos pudiesen no existir en él. Pero después advertí, merced a una larga observación, que tenía este género de insensibilidad. Jamás se expresaba mal de ninguna época, de ninguna clase social, de ningún oficio, ni siquiera de un animal, de un insecto, de un objeto inanimado, de las leyes naturales o de sus consecuencias, como la enfermedad, la deformidad o la muerte. Jamás se quejaba del mal tiempo; no juraba jamás. Nunca hablaba con ira, y, según todas las apariencias, nunca se encolerizó. Por último, nunca experimentó miedo ninguno».

¡Qué espléndida ecuanimidad! Comparadla con la pasión de ánimo de media humanidad, con la neurastenia aguda de la otra media, y sentiréis por nuestros semejantes cierta conmiseración desdeñosa... o cierta caritativa piedad.

Pero objetaréis: ¿qué le vamos a hacer? No todos podemos ser Walt Whitman.

Los psicoterápicos sajones afirman empero que sí.

Todos podemos ser Walt Whitman o Emerson, no por el ingenio, sino por la alegría y la paz.

«El optimismo —dice William James— es como la salud del alma. Esta salud moral puede ser espontánea o voluntaria y sistemática. Cuando es involuntaria, produce una alegría inmediata en presencia de las cosas. Cuando es voluntaria supone un esfuerzo para concebir abstractamente las cosas como buenas.

«El optimismo sistemático ve en el bien el carácter esencial de todo lo que existe: excluye deliberadamente el mal de su campo visual... La felicidad, como cualquiera otra emoción, produce cierta ceguera mental con respecto a todos los hechos que pueden serle contrarios; es como un muro protector contra toda impresión perturbadora... Una gran parte de lo que nosotros llamamos el mal, no viene sino de la manera que tenemos de considerar las cosas. El mal puede frecuentemente ser transformado en un tónico, es decir, en un bien, por la simple sustitución de una actitud de combate, al desaliento y al temor. Frecuentemente el aguijón del sufrimiento cede el sitio a una atracción verdadera cuando después de haber tratado en vano de evitarlo nos decidimos a mirarlo frente a frente y a soportarlo con buena voluntad. Sería, pues, indigno de un hombre no recurrir a los hechos dolorosos que amenazan la paz interior. Admitamos que los hechos subsisten; si rehusáis ver en ellos un mal, si desdeñáis su poder, si hacéis como si no existiesen, habrán perdido con relación a vosotros lo que tienen de perjudicial. Si solo gracias a vuestro pensamiento se vuelven buenos o malos, eso prueba que ante todo debéis aprender a dirigir bien vuestro pensamiento».

¡Dolor —dijo el filósofo antiguo—, nunca confesaré que eres un mal...!

Pero, replicaréis, ¿y quién va a ejercitarnos en esta actitud optimista? ¿A qué hora, entre el continuo trabajo, preguntarán los pacientes, recurriremos a ella, si al menor minuto de tregua que nos dan el automóvil, el tango, el bridge o los deportes violentos se nos cuela el tedio por todas las puertas?...

Los apóstoles de la *mind cure* os responderán que con media hora diaria de un recogimiento sistemático, para empezar, ya podríais ganar mucho, sobre todo si eligieseis además tales o cuales lecturas.

Santa Teresa ofrecía en nombre de Cristo el cielo a todo el que practicase a diario un cuarto de hora de oración mental. Los de la *mind cure* os ofrecen el paraíso en la tierra si aprendéis con ellos a ser optimistas.

¿Cuál es el primer paso que ha de andarse para este optimismo libertador?

La supresión del miedo.

«El miedo —dice Honorio Fletcher (*Happiners as found in Foret hought minus Fearthought*)— ha podido tener su utilidad en el curso de la evolución. Toda la previsión de los animales consiste en tener miedo; pero es absurdo que este estado de ánimo represente un papel en el espíritu del hombre civilizado. He observado que el temor, lejos de ser un estimulante, debilita y paraliza a todos los hombres bastante cultivados para dejarse dirigir por el imán del bien y del deber. Una vez que el temor no sirve ya de defensa, se convierte en obstáculo; hay que suprimirlo como se cortan las carnes muertas de un órgano todavía vivo... Yo defino el temor: "una autosugestión más o menos voluntaria de inferioridad", a fin de mostrar que pertenece a la categoría de las cosas perjudiciales, y de ninguna manera respetables.»

La consideración de que todo lo que sucede está bien, de que la naturaleza universal no puede dañarnos sin dañarse, como pensaba Marco Aurelio; de que nuestro yo es inexpugnable, aun cuando contra él se conjurasen todas las tempestades; de que estamos unidos íntimamente con el principio del universo, sea cual fuere; de que el infinito no puede querer nuestro mal, ni en la vida, ni más allá de la vida, suprime en la mente toda posibilidad de temor... Recordemos a este propósito las palabras de Maeterlinck, en su libro *La muerte*:

«Sea que el universo haya encontrado ya su conciencia, la encuentre un día o la busque eternamente, no podría existir para ser desgraciado y sufrir, ni en su conjunto ni en una sola de sus partes; poco importa que esta parte sea invisible o inconmensurable, ya que el más pequeño es tan grande como el más grande en aquello que no tiene término ni medida. Torturar un punto es lo mismo que torturar todos los mundos, y si el infinito tortura los mundos, tortura su propia substancia.»

El miedo no tiene, pues, razón de existir en el ser consciente, ni con respecto a esta vida ni con respecto al misterio. Ahora bien: suprimid el miedo y habréis suprimido todas las fobias modernas, y con el propio golpe habréis matado la raíz misma de la neurastenia. Y si a esta disciplina mental pudieseis añadir una vida sencilla, si fueseis menos «snobs»...

¿Sabéis cómo define el esnobismo un *pince rans-rire* francés? «El esnobismo —dice— es la molestia que se imponen algunos imbéciles, privándose de lo que les gusta, para hacer creer que les gusta lo que más les molesta...»

•••

No os quejaréis de mí: parodiando la célebre frase de Iturbide cuando consumó la independencia de México (hoy que acaso va a resultar de pies de barro... como tantos otros colosos), os repetiré: «Ya os enseñé a ser libres; aprended vosotros a ser dichosos». Ya os enseñé a libertaros del miedo; ensayad a vivir sin él; veréis cómo en el más impensado momento encontraréis la felicidad duradera, y si nunca más dejáis entrar temores en vuestra alma, si solo dais acceso a las ideas optimistas que vuestra imaginación os sugiera, llegará un día en que exclamaréis:

—No creía que fuera tan fácil el ser feliz...

O como explica la maravillosa Aglavaine del ya citado Maeterlinck:

—Jamás creí que siendo yo tan pequeña pudiese albergar un paraíso tan grande en mi corazón.

Sobre el misterio

Como ustedes saben o deben saber, el doctor Alexis Carriel, del Instituto Rockefeller, de Nueva York, el mismo que extrae entrañas enfermas y las substituye por entrañas sanas; el mismo que hace vivir, alimentarse y digerir el estómago y los intestinos de un gato decapitado, metidos en una vasija especial, acaba, tras múltiples experimentos, de comprobar que las células de nuestro organismo, sobre todo las que forman nuestros tejidos, pueden cultivarse de la misma manera que los microbios.

Había demostrado ya Carrel que un fragmento de corazón del feto de un pollo palpitaba de una manera normal, más de tres meses después de su extirpación, y que algunos cultivos de tejido conjuntivo crecían rápidamente al principio del quinto mes de su existencia fuera del organismo.

Varias colonias de células conjuntivas, provenientes de ese mismo fragmento de corazón, extirpado hace más de catorce meses, se desarrollan en la actualidad con una actividad considerable, después de haber experimentado los 166 a 167 cambios de medio.

La rapidez de la multiplicación celular depende de la composición del medio en el cual están colocadas las células.

El doctor Carrel ha llegado, merced a métodos pacientemente seguidos, a obtener crecimientos celulares rapidísimos. Pero, en estos últimos ensayos, no se trataba ya de fenómenos de supervivencia análogos a los que habían sido observados por el sabio en cuestión y por otros experimentadores, sino de un hecho nuevo: de células conjuntivas que viven y se multiplican de un modo indefinido, en su medio de cultivo, exactamente como los microbios.

Colonias enteras de células conjuntivas, que habían vivido más de un año fuera de su organismo, conservaban aún la facultad de aumentar de volumen y de originar muchas otras colonias.

Así, pues, merced a ese formidable descubrimiento, podrá en adelante —según las revistas científicas que lo reseñan— ser estudiado en los laboratorios, con nuevos métodos, el fenómeno misterioso de la vida. Las células que forman nuestro cuerpo, aprisionadas en tubos de vidrio, según les plazca a los biólogos, crecerán o morirán...

•••

Se tiene por tanto a la mano, dócil a toda reacción, ese elemento microscópico de que estamos hechos... pero no por ello descubriremos el gran secreto.

La célula, por pequeña que se la considere, es ya un individuo complejo y arcano.

Ramón y Cajal, el gran sabio español, ha probado que cada una de ellas tiene como si dijéramos un cerebro autónomo, una inteligencia individual...

Suponiendo que en un organismo humano haya solo dos millones de células, resulta que cada uno de nosotros lleva consigo dos millones de inteligencias distintas, es decir, dos millones de yoes.

Esas inteligencias se dividen el trabajo de un modo admirable.

Las células que forman los huesos, saben perfectamente en qué punto, en qué instante preciso del desarrollo, hay que seguir una curva.

Las células que forman los cartílagos, se detendrán en el momento preciso en que pudiera producirse la osificación.

Sin embargo, hay células rebeldes, como en la sociedad hay revolucionarios.

Por motivos que el microscopio no puede aún revelarnos, ciertas células de estas de las extremas izquierdas, no quieren obedecer al trazado, al plan general, y producen, ya protuberancias óseas, ya desviaciones del esqueleto en tal o cual parte, ya hipertrofias de los órganos.

Otras se niegan a trabajar y su ociosidad causa serios trastornos en la salud.

Pero, en suma, es ley, rara vez burlada, que todas se disciplinen y, merced a su asociación leal y resuelta, produzcan esta república ambulante que se llama el hombre, sosteniéndola con un denuedo conmovedor, a veces hasta un siglo, no obstante todos los tropiezos del camino...

¿Quién las guía? ¿A quién obedecen? ¿Qué ser, qué voluntad escondida las rige casi sin apelación? ¿Dónde reside ese imperioso e invisible poder ejecutivo que las congrega, las selecciona, las impulsa, las utiliza, las distribuye, las asocia y, si es preciso, las mata? ¡Oh Arcano! ¡Tú lo sabes! ¡El hombre no sabe nada! La ciencia es como una montaña: a medida que ascendemos, los horizontes se amplían, se ensanchan hasta el vértigo, y mientras el necio, abajo, en la hondonada, pretende comprenderlo todo, Isaac Newton, allá arriba, muy arriba, exclama:

—«Lo que el hombre sabe, en comparación de lo ignorado, es como un grano de arena en comparación del mundo».

Un admirable sincronismo

Todos los que asistimos desde hace ya algunos años a los éxitos del cine-matógrafo nos hemos preguntado: ¿Cuándo podrá unirse en alguna forma a este admirable aparato otro más admirable aún: el fonógrafo? Y hemos imaginado lo que sucedería entonces. La historia del mundo referida —¡por fin!— tal cual es y no tal cual la han cocinado y aderezado los hombres.

—¡Ah! —hemos exclamado—. ¡Qué lástima que en los tiempos de Alejandro, de Augusto, de Napoleón siquiera, no se hubiesen inventado aún el cinematógrafo y el fonógrafo!.

Pues bien, los dos aparatos se han unido, y la otra noche, en Madrid, pude asistir a los experimentos de perfección impecable hechos con un cinematógrafo y un gramófono alemanes, sincronizados por medio de otro aparato, muy sencillo por cierto, y que es invento de una berlinesa.

Al propio tiempo que se tomaron las películas, todas de escenas teatrales líricas o dramáticas, se imprimió en los discos la voz del actor o de los actores, y cada cinta y cada disco correspondiente se sincronizan después por medio de un simple hilo eléctrico y de un ingenioso aparato regulador.

El gramófono y el cinematógrafo empiezan a marchar en el mismo instante, lo cual se logra con suma facilidad; pero si por error de un segundo no marchan sincronizados, si la voz se oye antes o después de verse el respectivo movimiento de los labios que las articulan, el regulador lo arregla todo, haciendo correr un poco más deprisa el disco o la cinta hasta que la identidad es perfecta.

•••

Como se trata de un excelente gramófono y de un excelente cinematógrafo; como aquél está perfectamente disimulado tras la pantalla, de suerte que el público no lo ve; como, por último, merced al alejamiento normal de doce metros, el espectador contempla las figuras de tamaño natural, la ilusión es completa, la boca que se mueve para articular una palabra conocida parece pronunciar en aquel instante la palabra misma.

Escuchamos «con los ojos» y con los oídos...

Añádase a esto las películas coloridas, y ahí tenéis la realidad, la vida, que pasa frente a vosotros, tal cual es, tal cual fue, mejor dicho. La perennidad del instante efímero, lograda para los pósteros. La historia de este siglo nervioso, creador, tan lleno de sorpresas, estudiada sin error posible, a la vista de las masas y a la medida de su comprensión.

Pastores de pueblos, apóstoles de ideas, coordinadores y asociadores de fuerzas, inventores de mecánicas peligrosas, héroes, mártires: ya no más seréis calumniados, mal conocidos, pospuestos, supeditados a glorias de oropel.

Un disco y una cinta de materia frágil, pero indestructible al propio tiempo, han bastado para guardar al par de los bronces vuestra fisonomía, vuestra actitud, vuestras palabras y vuestros hechos para el porvenir.

El hombre es imperecedero ya, merced al sincronismo de dos aparatos familiares: ¡La muerte ha sido vencida! ¡Seguiremos viendo y oyendo a los seres que admiramos y amamos, y será como si no se hubiesen extinguido! Que el fantasma se mueva y hable gracias al sortilegio de una cinta y de un disco, o que hable y se mueva gracias a ese otro sortilegio de la energía almacenada en un cuerpo, y que constituye la vida... ¡Qué más da! Los mismos sentidos que se dieron cuenta de que existía; los mismos sentidos, gracias a los cuales existió de hecho para nosotros, seguirán dando fe de que se mueve, de que sonríe, de que gesticula, de que habla, con la propia unidad con que ejecutaba estos actos antes de volverse polvo...

La temeraria aventura

Se ha dicho muchas veces que el hombre, hastiado de la monotonía de la tierra, acabará por excursionar en la Luna.

Según un curioso estudio de Mr. Ernault Pelteric, harto conocido por sus trabajos sobre la aeronáutica, el viaje a la Luna podría hacerse en tres etapas. La primera etapa sería de la superficie de la tierra al límite de su atmósfera; la segunda, hasta las fronteras de atracción de nuestro globo; la tercera, desde allí hasta la Luna.

Se necesitaría un motor que produjese reacciones, por el estilo del cohete. En efecto, el cohete no se apoya en la atmósfera. Colmado de pólvora que arde poco a poco, va proyectando sus gases hacia el suelo, y se eleva utilizando el reculón correspondiente. No se detiene sino cuando se agota la provisión de pólvora.

Suponiendo, pues, un vehículo de este género de una masa de mil kilos, se necesitaría dar a su máquina propulsora una potencia de «cuatrocientos mil caballos» y encontrar un combustible que desprendiese medio millón de calorías por kilogramo, es decir, 360 veces más que la nitroglicerina y 130 veces más que la mezcla de hidrógeno y de oxígeno.

Si bien es cierto que no hay mucha esperanza de encontrar en una combinación química una reserva de energía semejante, el radium, en cambio, contiene «cinco mil veces» más de la que sería necesaria. Pero la dificultad está en libertar a nuestro arbitrio esta fuerza.

Quizá nuestros bisnietos sabrán disponer de la energía interna de los átomos, como ahora se dispone de la de las moléculas. Entonces se podrá ir a la Luna... ¡en cuarenta y nueve horas! A Venus se podrá ir en cuarenta y siete días, y en noventa a Marte.

El motor de reacciones es susceptible de modificar sus trayectorias en plena ruta, ya haciendo variar la orientación del cohete propulsor, ya uniéndose cohetes laterales que puedan ser accionados en un momento preciso.

•••

Es posible que los americanos del Norte sean los primeros que intenten el viaje, y, por lo menos, las dos o tres excursiones de ensayo, estarán llenas de «imprevistos».

Después, la Agencia Cook se encargará de todos los detalles.

Se almorzará en el Circo de Copérnico, se comerá en Tycho Brahe. Habrá en todos los sitios hermosos un Palace Hotel, un Ritz o un Carlton... y el tedio volverá a enseñorearse de los viajeros.

Esta es la ley.

Veamos, por ejemplo, lo que pasa en el Sudán.

Antes, para ir al Sudán, se necesitaba casi la voluntad blindada de un Stanley.

En cambio, al volver, las gentes lo señalaban a uno con el dedo, exclamando: «¡Ese hombre ha vuelto del Sudán!». No de otra suerte que las madres toscanas, según el poeta, al ver pasar por las calles de Florencia la silueta escarlata del Dante, diz que decían a sus hijos, apretándolos miedosamente contra su corazón:

—¡Ese hombre ha vuelto del Infierno, hijo mío! Mientras que hoy...

Hoy cualquiera snob va al Sudán.

De Londres, París y Madrid, todos los inviernos parten una o dos docenas de millonarios.

Cierta compañía inglesa, de Thos, Cook & Co., por la suma de dos mil libras, o sea cincuenta mil francos, admite viajeros.

Dos mil libras no es muy barato, vamos; pero hay que ver lo que dan por ese dinero.

Un barco, ultralujoso y confortable, lleva a los viajeros por el Mediterráneo «ensoñador», hasta el Mar Rojo.

En uno de los principales puertos africanos de este Mar, en Puerto Sudán o en Suakin, por ejemplo, el barco-palacio se detiene.

Los viajeros se preparan entonces para excursionar en el interland.

¿Cómo?

Pues metiéndose en el *Sleeping*. Sí, señor; en el *Sleeping*, porque en el Sudán hay ya ferrocarril.

Duermen bien, comen bien; contemplan la tierra amarillenta e inhospitalaria, detrás de los cristales de las ventanillas, y llegan así a Khartum o a alguna otra estación convenida.

Allí los esperan ciento cincuenta negros, escogidos entre los mejores.

Como la raza no es muy fuerte que digamos (entre otras cosas, por la mala alimentación), cada bestia humana de aquellas puede cargar unos cuarenta kilos.

¡Ay del que enferma en el camino! Se le deja abandonado y muere solo, en la infinita soledad del desierto, mirando acercarse los buitres y las hienas; los buitres, que empezarán por reventarle los ojos; las hienas, que rondarán aullando, en espera del festín.

Pero no hay que pensar en estas cosas, y los señoritos no se preocupan de ellas.

Ciento cincuenta hombres, a razón de cuarenta kilos por hombre, transportan seis mil kilos.

¿Seis mil kilos de qué?

Pues de tiendas confortabilísimas, de víveres exquisitos, de vinos de Burdeos y de Borgoña, de Champagne extra dry, de máquinas que fabrican hielo (para el burdeos, el borgoña y el champagne); de exquisitos habanos, de café más exquisito aún; de armas de precisión, de trajes adecuados, etc., etc.

Los señoritos comen y duermen... como si estuvieran en el Ritz de Londres.

A las cinco, el té: de lo mejorcito de Ceylán.

Se acuestan bajo mosquiteros perfeccionados, y como estos viajes se hacen, naturalmente, en invierno, gozan de una temperatura ideal.

Como van a cazar, se les permite, por las mismas dos mil libras, matar dos elefantes (que ya están numerados); dos leones y dos tigres, pudiendo conservar los colmillos de los primeros y las pieles de los segundos, para que después los amigos de Madrid o de París los admiren.

Estos elefantes, leones y tigres, se pueden cazar desde una mecedora, mientras se toma el lunch.

Por la noche, algunas hienas (amaestradas), aúllan alrededor de las tiendas, a fin de que el temerario explorador se sienta dentro del ambiente africano.

Como en el Congo, limítrofe del Sudán, abunda la mosca tse-tse, que produce la enfermedad del sueño, no se permite a los intrépidos viajeros penetrar en ese vastísimo «Estado Libre».

La Compañía, por las dos mil libras, se compromete a alejar todo peligro de la excursión.

El agua que se bebe es hervida y filtrada. No hay mosquitos; pues se ha acabado con ellos merced al petróleo, y los mosquiteros solo sirven por si queda algún cínife superviviente y temerario.

Después de dos o tres meses de esta vida, los excursionistas, en perfecta salud, regresan a sus casas.

Como en los versos de Díaz Mirón, para cada uno de ellos, al volver, «invicto y satisfecho al patrio hogar, la admiración curiosa sale a la puerta y se encarama al techo»...

Yo he tenido la alta honra de estrechar la mano de uno de esos admirables boy scouts, y parecióme que para este shake hands tenía que empinarme... más y más. ¡Cuán grande veía yo su silueta bajo la radiante y remota majestad de las estrellas!

El miedo al dolor

En las grandes naciones europeas ha surgido de años atrás y medra de un modo alarmante, una nueva plaga, peor que la falta de natalidad y que el propio alcoholismo. Trátase de una trinidad lívida, que se llama la morfina, la cocaína y el opio. Medio París busca en estas drogas los viejos paraísos artificiales de Baudelaire (en el poeta más ingenuos y «esnóbicos» que otra cosa).

Entre las fobias ultramodernas, hay una inmensa: el miedo al Dolor.

Gómez Carrillo, en sus admirables F*lores de penitencia*, nos recuerda las expiaciones espantosas a que se sometían los Antonios, los Palemones y los Pakomios en las Tebaidas, y cuando leemos esas páginas, parécenos que los hombres que realizaban tales mortificaciones no eran de este planeta: los hombres de ahora no solo huyen aterrorizados ante la menor de las penitencias, sino que, en cuanto desaparece la armonía de sus funciones orgánicas, la euforia de su vida, corren ansiosamente a buscar la pastilla de cocaína o la pipa de opio que adormezca su mal.

¿Es que hemos olvidado el divino secreto de sufrir con resignación? ¿Somos por ventura inferiores en quilates de voluntad a los antiguos bárbaros? No, yo no creo esto; creo por el contrario que somos superiores a ellos y que nuestro miedo al Dolor no viene sino de la afinación cada vez más extraordinaria de nuestro sistema nervioso.

La civilización nos ha traído a este punto. No se lo agradezcamos.

No cabe duda que un chino, un negro o un australiano, sufren muchísimo menos que un hombre de raza europea. De allí su estoicismo ante el dolor físico.

Un amigo mío que fue secretario de nuestra Legación en China, vio cortar en pedazos a algunos celestes, condenados por fechorías considerables a esta odiosa pena. Y referíame que antes del suplicio charlaban y reían y cuando éste empezaba, el cuchillo del verdugo no acertaba a arrancarles un grito y a poner un gesto de angustia en la amarillenta impasibilidad de sus rostros. ¿Se trata por ventura de una milagrosa fuerza de voluntad? No. Se trata solo de organismos extraordinariamente menos sensibles que los nuestros.

Comparemos a un hombre de esos, capaces de reírse del *Jardín de los suplicios*, de Mirbeau, con un europeo sibarita y refinado, a quien el menor cambio de temperatura le produce una bronquitis.

Se refiere que, cuando el barón de Montcalm visitó las cataratas del Niágara, era en lo más crudo del invierno. La milagrosa cabellera de la catarata estaba helada. El barón iba envuelto en pieles y le acompañaba un indio, guía, casi desnudo, que no daba la menor señal de frío.

—¿Cómo es que puedes resistir una temperatura semejante, sin cubrirte? —le preguntó el barón asombrado.

Y el indio a su vez le dijo:

—¿Por ventura tú tienes frío en la cara?

Respondió el barón:

—No, por cierto.

—Pues yo todo soy cara —replicó lacónicamente el indio.

Y nosotros éramos cara también; pero vino el regalo. La industria nos trajo el confort, los caloríferos respiraron su tibio aliento en nuestros hogares… y ahora inermes ante la intemperie, apenas si con los deportes logramos paliar un poco nuestra inadaptabilidad a los cambios y nuestra excesiva y vidriosa sensibilidad ante las menores molestias físicas.

En tanto, el bereber corre aún con los pies desnudos sobre las zarzas y los espinos y el indio del Norte expone impunemente su piel cobriza a todos los cierzos.

Las cincuenta mil tazas de café de que moría Balzac, la perpetua vibración moderna, el «aprisismo», el mercurialismo de nuestra vida, el vértigo de los negocios, reestiran, casi hasta reventarlas, las finas cuerdas doloridas de nuestro sistema nervioso.

Ya los aristócratas europeos no pueden más.

El menor soplo exterior destruye el inestable ritmo de sus funciones. La menor contrariedad acaba con su quebradiza paciencia. Tres minutos de retardo en el sacramental *Madame est servie*, sumen en la desesperación más profunda al ama de casa. Nuestra Señora la Neurastenia pasea su espectro verde por la vida prócer y aun por las vidas humildes; y millares de seres buscan en el éter, en la morfina, en el opio, un lenitivo para el terrible mal de vivir.

Sabemos ciertamente muchas cosas; pero ya el Eclesiastés nos dijo que «quien añade ciencia, añade dolor»...

Al opio se acude especialmente porque, según los que lo han tomado, produce una serenidad de Dios.

El alma parece desligarse del cuerpo, flotar en una atmósfera de misterio apacible... La pequeñez de la vida la hace sonreír. Se cree manumisa...

Ha vencido al dolor... Una suprema indiferencia amable reina en ella y la satura de paz... Se cierne en un plano milagroso, desde el cual el universo aparece como en una perspectiva confusa y ultralejana. Ha entrado en el mundo de la verdad... Se ha sustraído al número y al espacio... ¡Qué mísera es la humanidad! ¡Cuántas nimiedades la preocupan... Ella sí que descubre ahora el verdadero sentido de la existencia! ... Pero, hay que aumentar diariamente la dosis. Una pipa, dos, diez, veinte, hasta cincuenta diarias, llegan a ser precisas para mantener el éxtasis. En Tolón hay mujeres que fuman hasta cien y que en un año, en dos, no han pisado los umbrales del fumadero para salir a la calle. El mundo exterior no les interesa. ¡Para qué contemplar el fastidio eterno del Sol! En la aperlada penumbra de la estancia escondida pasean diáfanas, casi ingrávidas, mostrando una palidez que ya no parece de este mundo. O bien yacen entre cojines de seda, con la mirada fija en un edén lejano... Solo sus ojos, unos ojos desmesurados, tienen vida en aquel cuerpo de cera... Son ojos que parecen añorar olimpos remotos... No les habléis. Su reino ya no es de este planeta... Pertenecen a otra dimensión. ¡Están más que muertas! El despertar es espantoso. Hay que volver cuanto antes a la droga despótica... El cerebro ha naufragado... El hombre que fuma tres veces opio, se vuelve fantasma... La voluntad en él es impotente hasta para mirar...

He aquí lo que la «civilización» hace de los pueblos. ¿Cuándo, oh gran Bergson, la humanidad cansada de la mentira, volverá al sabio instinto ancestral tan lleno de mesura, de sabiduría y de dignidad?

●●●

¡El dolor! Tenemos un miedo indecible al dolor y estamos muy lejos de exclamar como María Alacoque: *Il n'i a que la douleur qui me rende la vie supportable*, o como Santa Teresa: Padecer o morir.

Y, sin embargo, el dolor es la razón esencial de la vida. El objeto de la vida es el conocimiento (cuando descubrí esta verdad, dice Nietzsche, me llené de alegría), y el conocimiento solo se adquiere por medio del dolor.

No podemos ni imaginar siquiera un mundo sin dolor. Tendríamos que suprimir en ese mundo la Belleza, la elevación del alma, el amor... todo lo que aquilata y ennoblece los instantes...

Solo el dolor crea, y es mil veces preferible su fecundidad todopoderosa que sostiene los mundos, a los aburridos deliquios de los paraísos...

Al dolor y a la muerte hay que verles cara a cara; son dos océanos imponentes y terribles desde la orilla; pero cuando en ellos nos sumergimos resueltamente, cada una de sus olas nos trae una delicia nueva.

El alma humana está hecha de manera que se familiariza con las inmensidades, porque no hay abismo superior a los abismos de que está hecha... El dolor y la muerte son inferiores a ella; solo el Amor es de su tamaño y por eso vence todas las muertes y todos los tormentos.

La moraleja de estas filosofías debiera ser, por tanto, no huir jamás del dolor ni temer a la muerte: este es el verdadero opio que produce la serenidad.

Así como frotándose con hielo se deshielan los miembros congelados, así sumergiéndose virilmente en el dolor se mata el dolor...

Mucho ruido...

La Pisanella, de D'Annunzio, que acaba de estrenarse en el Chatelet, viene a confirmar (después del San Sebastián, del mismo, y del *Chantecler*, de Rostand) la eficacia del sistema moderno para obtener éxitos teatrales, y, en general, éxitos literarios, científicos y artísticos. La receta es ultrasencilla: reclamo, reclamo y reclamo. El mérito de la obra no tiene la menor importancia. Basta con que ella sea de un autor célebre, a fin de no perder el tiempo en volverlo célebre primero.

Todos estamos de acuerdo en que el *Chantecler*, salvo tres o cuatro fragmentos aceptables, es de una inferioridad enorme con respecto a *La Samaritaine*, *Les Romanesques*, y el *Cyrano*, obras todas bonitas, a veces delicadas; pero que no revelan, ni mucho menos, un espíritu genial del tamaño del reclamo que se les ha hecho. Mas, ¿qué importa esta minucia? Los empresarios de la Porte Saint Martin tenían «buena prensa», como la tienen ahora los del Chatelet, y la obra alcanzó un éxito «kolosal» (así, con k, como escriben y exclaman la palabra los alemanes). *La Pisanella*, seguirá una suerte análoga. Los críticos de París son omnipotentes.

Suele suceder con estas piezas, que no gustan al público; pero ¿saben ustedes por qué no le gustan? Pues porque el público (si se trata de extranjeros) «no comprende los matices y las delicadezas del francés»; sobre todo un idioma como el de *La Pisanella*, escrita «en versos libres franceses, al estilo de *Honorato de Urfé*, que floreció allá a fines del siglo XVI...» y, si se trata de un público francés, porque quienes critican son unos burgueses sin remedio, unos *pot-au feu vitandos* y despreciables.

Repito que no juzgo la obra de D'Annunzio, porque no la conozco. Es probable que sea bella y quintaesenciada, ya que D'Annunzio es un admirable poeta. A quien ha escrito La nave, hay que tratarle con respeto. Pero para el caso, lo mismo sería que *La Pisanella* estuviese a la altura de cualquier obreja de género chico. Triunfará porque «tiene buena prensa», y la humanidad, salvo rarísimas excepciones, gusta de que le den ya hechos de *toutes pieces* los juicios y las opiniones. No hay tiempo, cuando se tiene criterio propio, para enterarse personalmente de todo en este mercurial jaleo de la vida moderna, y cuando no se tiene criterio propio, ¿de qué sirve el tiempo?... Los tontos desde antes de morir se sustraen a sus leyes; puesto que siendo él factor por excelencia del aprendizaje, nacen instintivos e instintivos vuelven a la eternidad.

Yo, en la piel de D'Annunzio, realmente sentiría vergüenza de tanto bluff, de tanto bombo, de tanto estruendo. Esta ensordecedora balumba debería solo ser buena para los «arrivistas», pero no para el óptimo artífice de *Il Fuoco* y de las Odas navales. Y si, como es posible, *La Pisanella* vale y vale mucho, más vergüenza sentiría aún de que en el mismo *humbugh*, en el mismo grito, en el mismo tamborazo, la confundiesen con el éxito de Carpantier, que supo pegarle al formidable Wells, ganando el campeonato de Europa a puñetazos.

Se me dirá que solo con el reclamo se vive; que sin él la existencia es pobreza y penumbra; pero el artista de verdad, el poeta de pura sangre, de verdadera raza, debe preferir siempre la santidad deleitosa de esta penumbra y de esta escasez; debe estar resuelto, si no tiene medios propios de vida, a desposarse con la pobreza como San Francisco de Asís y a amarla con toda su alma. El verdadero poeta es un dios y los dioses ya se sabe que vienen a padecer hambre, frío y soledad. Son voceros e intérpretes de cosas arcanas, son receptores de fluidos invisibles y en sus desasimientos de todo lo que no es majestad serena y augusta de la Poesía, muestran la alteza de su origen... ¡Cómo es posible ir a vociferar nuestros versos, ardorosamente forjados en la soledad, por las calles y las plazas, como si fueran la más vil de las mercancías! Cuando los jóvenes líricos franceses escogieron a León Dierx para príncipe de los poetas, recuerdo que el razonamiento supremo que motivó el voto, fue esto: A cause de la *dignité de sa vie*... En razón de la dignidad de su vida... Y yo aplaudí con toda mi alma la noble frase, que me reconcilió con los líricos de la última hornada (ahora debo decir de la penúltima, puesto que la última fue la que eligió a Paul Fort).

¡Oh, amigo D'Annunzio!, hay que procurar que no se acorte la distancia que existe entre tu nombre y el de Marinetti el futurista. Quédate con tu docena de perros en Arcachón y mata al simio ese que se llama esnobismo. Adéntrate de nuevo en el claro caudal de tu poesía. En ella sola están tu dignidad y tu grandeza!...

París te hace mucho daño, ¡oh Aeda! Mejor hubiese sido aceptar la casita con jardín que te regalaban tus amigos de Pisa...

¡Y luego para lo que te queda a ti de todo ese dinero que ganas!... Y para lo que te divierte la vida que llevas... El esnobismo, tú mismo se lo has confesado a un amigo, «es muy fatigoso»...

Yo sé de esnobs que se mueren de neurastenia. Otros se suicidan de tedio. Tú comprendes; el esnobismo casi nos traslada a las selvas vírgenes del Estado libre del Congo, por aquello del antropoidismo que significa el vivir rodeado de muñecos.

¡Ah! pero preveo que me pasará lo que a cierto amigo mío que en sus crónicas políticas daba consejos al Sultán de Turquía, y después de una semana solía escribir: «Si el Sultán hubiese oído nuestro consejo, no le habría pasado esto o aquello... pero no lo oyó».

Tú tampoco oirás el mío, poeta. De seguro no sabes ni que existo; pero créemelo, cuando nos encontremos en la «cuarta dimensión», verás quizá que mi penumbra y mi silencio valían más que tus pífanos y tus címbalos ensordecedores...

La muerte del ateísmo

Un trabajo que hará época —relativamente, es claro, dentro de lo efímero de la actualidad periodística— es el intitulado *El ateísmo se muere*, de Jean Finot, director de *La Revue*, en el número correspondiente a la segunda quincena de junio.

El ateísmo de nuestros días no es, dice Finot, más que una palabra vacía de sentido.

Un hombre culto no puede ya proclamarse ateo (conforme a la antigua definición). No puede ya negar la influencia de fuerzas que escapan a su cerebro y de principios que ignora.

La ciencia, en efecto, desde hace algunos años, se encuentra «invadida por la fe». Hay, desde luego, una ley universal que rige todo el mundo cósmico, y esta ley destruye nuestra fe en la materia: trátase de la ley soberana de la gravitación. Las miríadas de mundos que nos rodean comprendidos los ciento veinte millones de estrellas que ante nuestros ojos maravillados descubren los grandes telescopios modernos («vastas y ardientes hogueras que, casi todas, arrastran mundos, muchas veces más grandes que los del sistema solar»), no están, sin embargo, sostenidos más que por una fuerza espiritual e invisible.

¿Cómo se mantienen todos esos orbes? ¿Cómo funcionan si las fuerzas y leyes que los rigen son inmateriales? Leyes abstractas, cuyo alcance y cuya significación no comprendemos y que tienen, no obstante, una realidad innegable.

Las nuevas concepciones, relativas a lo infinitamente grande y a lo infinitamente pequeño, se han metido de rondón en todas las ciencias exactas y han ampliado hasta el vértigo el horizonte de nuestras ideas.

El infinito se ha mezclado en nuestros cálculos; llena nuestras visiones, anima nuestras esperanzas...

Vemos mucho más lejos que los hombres de hace cincuenta años. Hemos comprobado —científicamente— la existencia de agentes, de fuerzas, de energías (rayos X, luz ultravioleta, radium, ondas hertzianas, energía intraatómica en general) absolutamente invisibles.

Por otra parte, a medida que aumenta el poder de nuestros ultra-microscopios, la materia se empequeñece; la célula nos resulta un compuesto de complejidad extraordinaria... tenemos que ir más allá, siempre más allá..., y si un día encontramos el átomo, el átomo mismo se disociará en quién sabe cuántos elementos, hasta llevarnos al seno de lo invisible absoluto...

Meditando en estas cosas tan hondas y buscándoles una sencilla expresión rítmica y mnemónica, escribía yo no ha mucho en una página de mi libro *Serenidad*:

«Células, protozoarios, microbios... Más allá de vosotros, ¿hay algo?

Pronto nos lo dirá el microscopio, intruso, pertinaz y paciente.

Y tal vez la materia se empequeñecerá tanto bajo su lente, Que un día, como espectro, se desvanecerá ante el ojo del sabio, quedando solamente la fuerza creadora, cuyo oleaje va y viene omnipotente,

Y fuera de la cual nada es ni será...»

El espíritu y el misterio penetran por dondequiera, sigue diciendo Jean Finot. Florecen hasta en el dominio considerado como exclusivamente materialista, a saber: el dominio de la riqueza. La concepción de la riqueza ha cambiado, en efecto, radicalmente. La economía política de nuestros días no es ya la de los fisiócratas, que no veían la riqueza sino en un elemento palpable, en el producto de la superficie o de las profundidades de la tierra. No es ni siquiera la de los socialistas, que quieren identificar la riqueza con el trabajo manual.

Cada día comprendemos más que el precio de los objetos depende, en primer lugar, del deseo, que es el que les da valor. La riqueza se vuelve, pues, de esta suerte algo de esencia psicológica.

Está en el hombre porque está en sus deseos.

Ahora bien, ¿qué es un deseo, sino la fe que tenemos de que el objeto ambicionado debe procurarnos cierta cantidad de servicios o de placeres? El deseo reposa así por entero en la creencia. Y un Espinas podrá decir con razón que el porvenir estará hecho de aquello en que más hayamos creído.

La riqueza es, por otra parte, el crédito. Ahora bien, el crédito es la confianza, es decir, una cosa vaga, creada y limitada por la fe.

Es el crédito el que levanta las montañas de la vida moderna, cuyo mecanismo reposa sobre un acto de fe. Así vemos, pues, que en el dominio de la economía política el principio espiritualista reina como amo y señor. ¡Crea la riqueza y le da valor! Finot piensa que los espiritualistas y los materialistas acabarán por llegar a la conciliación en el terreno científico. Yo lo creo también firmemente.

En realidad, todos los grandes filósofos modernos —Bergson entre ellos— esperan de la ciencia la fórmula religiosa del porvenir.

Miers, en su libro, ya clásico, sobre la supervivencia de la personalidad humana, dice:

«Yo creo que existe un método para llegar al conocimiento de las cosas divinas, con la misma certidumbre y la misma seguridad tranquila, a las cuales debemos el progreso en el conocimiento de las cosas terrestres. La autoridad de las religiones y de las Iglesias será de esta suerte reemplazada por la de la observación y la experiencia. Los impulsos de la fe se transformarán en convicciones razonadas y resueltas, que harán nacer un ideal superior a todos los que la humanidad ha conocido hasta ahora».

¡Quién sabe si el siglo actual —añado yo— verá el alborear de una religión universal, eminentemente científica, de la propia manera que lenta, pero seguramente, va progresando el Esperanto, que hará en breve que nos entendamos los hombres de todas las regiones de la tierra! El día en que esto suceda desaparecerán las patrias, el planeta será como un gran nido fraternal y, por fin, a través de los milenarios, se habrá realizado la comunión de las almas.

La euthanasia

Entramos en la vida llorando (esto de puro sabido se calla); entramos furiosos, a grito herido se diría que el país de donde venimos es tan placentero y luminoso, que por contraste aquí solo hay oscuridad, dolor y tristeza. Cuando la señora Pipper volvía de sus «trances», solía decir palabras como éstas:

«Qué oscura está la habitación»...

«Qué fealdad la de la gente que me rodea»... «He regresado de allá en una cuerda de plata» ... «Abrid las ventanas... más luz».[1]

Sí, quizá con harta razón, entramos en la vida retorciéndonos y chillando; quizá la tragedia verdadera está en las cunas y no en los sepulcros. Esto lo sabremos un día... Pero, ¿por qué si entramos llorando no salimos riendo? Pues por culpa de los médicos; por el atraso, por la crueldad o por la ignorancia de algunos médicos, que son productores de dolor; que se complacen, basados en ultrahipotéticas esperanzas de vida, en inyectarnos aceite alcanforado, coñac, café... para prolongar atrozmente nuestra agonía, con torquemadismos espantosos...

Oíd cómo se expresa el admirable Maeterlinck acerca de esto, en su austero y hondo libro sobre la muerte, recientemente publicado:

«Hace mucho tiempo, decía Napoleón, que los clérigos y los médicos hacen la muerte dolorosa». *Pompa mortis magis terrat quam mos ipsa* (afirmaba, por otra parte, Bacon, refiriéndose a las tristes solemnidades de que se rodean los últimos instantes).

»A medida que progresa la ciencia, se prolonga la agonía, que es el momento espantoso por excelencia (cuando menos para los que asisten a él), la cima más alta del dolor y del horror humanos. Todos los médicos estiman que el primero de sus deberes es prolongar tanto como se pueda las convulsiones más atroces de la agonía más desesperada. ¿Quién de nosotros, a la cabecera de un moribundo, no ha querido veinte veces, sin atreverse jamás, arrojarse a sus pies para pedirle misericordia?

•••

---

1   P. R. S. Proceedings.

»Un día este prejuicio (de los médicos) nos parecerá bárbaro. Como que viene del miedo que han dejado en el corazón las religiones antiguas, muertas ya hace mucho tiempo en la razón de los hombres; miedo que nadie se atreve a confesar. He aquí por qué los médicos cobran como si estuviesen convencidos de que no hay tortura conocida que no sea preferible a las que nos esperan en lo desconocido. Parecen persuadidos de que todo minuto, ganado entre sufrimientos intolerables, nos ahorra sufrimientos más intolerables aún, reservados a los hombres por los misterios de ultratumba, y entre dos males, para evitar uno que saben bien que es imaginario..., escogen el único que es real.

»Por lo demás, si retardan así el fin de un suplicio (el cual, como dijo el buen Séneca, es lo que el suplicio tiene de mejor), no hacen más que ceder al horror unánime que remacha cada día el círculo vicioso en que se encierra. La prolongación de la agonía aumenta el espanto de la muerte, y el espanto de la muerte exige la prolongación de la agonía...».

•••

Pero, no es ya solo el poeta el que se conmueve a la consideración de estos suplicios: son los pueblos civilizados: el Parlamento alemán va a discutir en breve un momento del *Siglo monista*, órgano de las sociedades del monomonismo alemán. Este proyecto es como sigue, a grandes líneas:

1. Toda persona atacada de enfermedad incurable, tiene derecho a la euthanasia (o sea la muerte bella, la muerte agradable, sin el menor dolor, la muerte que se parece a un manso dormirse después de la labor cumplida...).

2. El tribunal correspondiente recibirá la solicitud del enfermo y dará el derecho de morir.

3. Una comisión médica, a instancias del tribunal, examinará al enfermo. Si éste lo deseare, otros médicos podrán asistir a la consulta.

4. El acta del examen dirá si, según la convicción de los médicos expertos, la muerte es más probable que la curación, o, cuando menos, que un estado de alivio que permita la aptitud para el trabajo.

5. Si el examen establece la gran probabilidad de un desenlace mortal, el tribunal concederá al enfermo el derecho a la euthanasia; en caso contrario, no se admite la solicitud.

6. Cuando se mate a un enfermo sin dolor, a petición formal suya, categóricamente expresada, el autor de la muerte no podrá ser perseguido (siempre que el enfermo haya obtenido el derecho a la euthanasia, y supuesto que la autopsia establezca que su enfermedad era incurable).

7. El que mate a un enfermo sin su voluntad formal y expresa, será castigado con reclusión.

8. Los párrafos uno y siete, pueden, llegado el caso, aplicarse a los valetudinarios y lisiados.

Comentando lo anterior, un escritor francés dice:

«Nada es más fácil, al parecer, que dar el derecho de matarse a los incurables que a gritos piden la muerte. Es esto permitir una obra de misericordia, una obra pía. La idea parece, en efecto, simple y generosa. Su aplicación encuentra, sin embargo, numerosas y serias dificultades. El año pasado, el Congreso de Washington tuvo que ocuparse de un proyecto análogo, y no lo votó. Su discusión provocó en la Prensa y en la opinión apasionadas controversias. La intervención de los médicos y de los jueces no facilita la fatal transición; ésta constituye, por el contrario, una formalidad complicada y peligrosa. La euthanasia exige tales garantías científicas y legales, es un acto de una importancia tan grande, que el aparato judicial no funcionará sino con una circunspección y una lentitud meticulosas. Suponed que se cometiese un error, y ya tenéis a la institución comprometida para siempre. Para ser eficaz, necesitaría ser rápida, y el procedimiento no tendría esta indispensable rapidez...». Es cierto, y lo es también que el hombre no ha llegado aún a un grado de cultura suficiente para resolver tamañas dificultades; pero deseemos, deseemos con toda nuestra alma, que en un día no lejano, los médicos, que tan rara vez curan, cumplan siquiera con el que debía ser su oficio por excelencia: suprimir el dolor, ya que los adelantos científicos les permiten lograr fácilmente esta supresión. Deseemos igualmente que los gobiernos civilizados faciliten tan santa tarea, llenándola, es claro, de las garantías indispensables.

De esta manera, si la humanidad no llega a realizar la promesa de Metchnikof, de siglo y medio de vida, tras del cual vendría el fin fisiológico, cuando menos lograremos que se supriman la agonía, el horror, el gesto trágico de los últimos momentos, y podremos entrar a lo invisible con la serenidad antigua, con la majestad humana que conviene a los actos solemnes, con la placidez crepuscular de quien se duerme sin dolor en la blanda almohada del misterio, casi con la ufanía, que debe mostrar el que pasa bajo ese negro arco de triunfo de la muerte.

Eugenesia

En el estado de Wisconsin, en las encantadas riberas del lago Michigan, el espíritu de las gentes tiene ese ímpetu de apostolado que ponen las razas protestantes en todas sus empresas y que se parece tanto al fanatismo.

Entusiasmados con el señuelo de una raza perfecta, los wisconsineses decidieron, por medio de sabias leyes, poner todo género de trabas a los matrimonios que no reunieran las condiciones más apetecibles de belleza, salud e inteligencia.

«Dentro de veinte años —se dijeron— tendremos la mejor raza del mundo. De toda la redondez del planeta vendrán a ver a nuestras mujeres, Venus de Milo, en lo físico; "en la discreción", Lucrecias; en el saber, sor Juanas; y a nuestros hombres: Alcibíades en la hermosura, Hércules en la fuerza y Newtons en la sabiduría.»

¿Y sabéis lo que ha sucedido? Pues ha sucedido que, por una parte, con las taxativas y dificultades, los matrimonios disminuyen de un modo alarmante (y claro, la población también), y por otra, que los famosos frutos eugenésicos, los hijos habidos en las perfectas condiciones requeridas, por padres «estatuarios» de nariz griega y músculos de acero, salud perfecta y costumbres puras, han resultado inválidos, defectuosos... o idiotas.

Recuerda uno, ante lo imprevisto de tales resultados, la frase de Victor Hugo: «L'homme sème les causes et Dieu fait mûrir les effets!».

Los feos, los pobres feos, incasables gracias a la eugenesia, han emigrado de Wisconsin... y no será difícil que en otra parte procreen una raza inteligente y bella.

Y es que en la «receta» hombre hay muchos ingredientes ignorados que la eugenesia no puede tener en cuenta, y que no son solamente belleza, fuerza, salud..., trinidad deseable, pero que, sin otros componentes misteriosos, no produce más que imbéciles, habiéndose producido sin ella, en cambio, algunos de los tipos supremos que son honra de la especie.

•••

Ya a los espartanos se les había ocurrido lo que a los wisconsinos o wisconsineses, aunque en otra forma: no se entretenían ellos en reglamentar matrimonios; pero cierto consejo de ancianos, muy respetable, dictaminaba sobre las condiciones físicas de todo recién nacido, y si dejaban que desear estas condiciones, el pobre crío era abandonado en las glaciales cumbres del Taigetes...

Con este sistema, Esopo no hubiera vivido, porque era deforme y raquítico; Epicteto, el inmenso, el divino Epicteto, se hubiera helado en la cumbre taigetiana... o no hubiera podido vivir en Wisconsin, porque era, en lo físico, débil y enfermizo, como antiguo esclavo injuriado y maltratado... El mexicano don Juan Ruiz de Alarcón y Mendoza, el más puro clásico del teatro antiguo, el verdadero padre de la comedia española, el inspirador de Corneille y de Moliere, el excelso autor de la Verdad sospechosa y de los Engaños de un engaño, no lo hubiera pasado mejor que Esopo y Epicteto, pues tenía dos jorobas y era pequeño y desmedrado, por lo que Lope, Quevedo, Góngora y Molina le llamaron enano, camello, cohombre, esquillón de ermita, galápago, etc., etc., y le preguntaban con sarcasmo:

¿De dónde te corcovienes
y adónde te corcovás?

Pascal, que siempre estuvo enfermo y era asimismo raquítico, tampoco habría vivido, y a Voltaire no le habría dejado la eugenesia publicar sus libros admirables.

Rousseau no habría tenido mejor suerte.

Y no prosigo la lista de grandes hombres ñoños o deformes por no cansar al lector.

•••

Recuerdo aún las recientes conclusiones de uno de los últimos congresos eugenésicos de los Estados Unidos, celebrado justamente en las márgenes del Michigan, en Bettlecreck. Estas conclusiones son más bien cómicas.

El doctor Kollog, un propagandista formidable, dijo:

«Para producir un hombre perfecto bastan cuatro generaciones, siempre que los principios eugenésicos sean aplicados. Nosotros llevamos registros en los cuales se anota la genealogía (pedigree) de los caballos, de los perros, gatos y carneros. Si una señora tiene la curiosidad de saber a qué escala social pertenece su perrito, no hay más que consultar esos registros para enterarse de si su animal ha nacido o no aristócrata.»

El doctor Waugham, presidente de la Asociación Médica Norteamericana, profetizó que el superhombre de mañana tendrá una fuerza muscular limitada, pero una fuerza nerviosa suprema; y añadió:

«Después de todo, el sistema nervioso es el que ha hecho al hombre rey de la creación, porque en punto a fuerza muscular le superan muchos animales».

...Pero es el caso que los más privilegiados sistemas nerviosos suelen ser los de hombres que los congresos eugenésicos repudiarían, de hombres de apariencia débil, a veces enfermizos, a veces deformes. Estos hombres de Wisconsin no habrían podido nacer... Estos hombres solo han podido vivir merced a la piedad de sus madres y a la condescendencia social. Después han movido el mundo, han empujado hacia rumbos fulgurantes los destinos de las razas.

Sócrates, con su fealdad repelente, ha acertado a sacudir la conciencia de las generaciones y a vivir en ellas, porque no nació en Wisconsin, de donde los feos han tenido que huir...

•••

He escrito la palabra «piedad» y ella me recuerda las tiradas más o menos elocuentes de tantos filósofos y sociólogos modernos contra esta virtud, que ellos han llamado debilidad, y a la que acusan de innumerables lacras sociales y de la «depauperación fisiológica» de las razas.

«Extirpemos —dice Nietzsche— los desfallecimientos incurables y las morbosidades deprimentes; si el mundo es malo, será peor si nos cortejan los débiles. Sepamos revestirnos de indiferencia para con los dolores del prójimo; ayudemos a que desaparezcan los enfermos, los decadentes que emponzoñan la vida, los míseros individuos que no saben ni pueden fortalecerse ni fortalecernos. La piedad es el mayor obstáculo para el engrandecimiento; la caridad, el primero y más nocivo de los vicios. Blindemos nuestro criterio moral con la voluntad de sufrir y hacer sufrir; tengamos la conciencia de nuestra misión salvadora, de los medios que nos llevarán hacia el radioso porvenir. La compasión es femenina, cristiana, crepuscular, enervante...» Y al leer lo anterior sonríe uno melancólicamente, pensando que sin esa «piedad», sin esa «compasión» de que abomina el filósofo... Nietzsche, enfermo, Nietzsche, loco... hubiera sido suprimido, si no por la eugenesia, sí por su hermana la euthanasia.

A la piedad fraternal, a la piedad social, a la piedad nacional, tan aborrecida por el gran Federico, le somos deudores de ese gran Federico.

¡Oh ironía absolutamente nietzscheana!

...

Pero volviendo a Wisconsin, donde ha fracasado, según decíamos, la eugenesia, no vayáis a creer que los seres enfermos, míseros, idiotas, que burlando todas las precauciones han solido brotar de los matrimonios reglamentados, tengan por causa el olvido de algún detalle en los exámenes médicos previos a que se han sujetado los contrayentes... No, ni por asomos. ¿Sabéis hasta dónde ha llegado este examen médico previo? ¿No? Pues escuchad: La ley eugenésica que los diversos congresos han querido poner en vigor en los Estados Unidos, prescribe a todo candidato al matrimonio, sea cual fuere su sexo, que presente un certificado de buena salud, y ha fijado los honorarios del médico que dé tal certificado en tres dólares. Pero el eugenismo pretende que antes de dar el certificado al candidato, éste debe sufrir cuatro pruebas Wasserman, en un período de cuatro meses. A estas pruebas seguirá el experimento Noguchi. Después se le hará una punción en la espina dorsal y se examinará un poquito de la médula espinal que se le saque.

Hecho esto, se le perforará el cráneo para tomar una mínima cantidad de materia cerebral, que se examinará al microscopio.

Tras de estas diversas operaciones, en las que han sido observados todos los reflejos dorsales, examinados todos los huesos del esqueleto, estudiados los ojos y la garganta (exámenes que requieren por lo menos medio año), el candidato eugenésico recibe su certificado. Se casa... y nueve meses después viene al mundo un perfecto imbécil.

—¡Oh sabiduría humana, tan cómica a veces cuando no resulta trágica, como en la horda científica que está azotando al planeta!

...

Pero no nos burlemos de ella, no; yo creo en la ciencia, yo adoro la ciencia, yo estoy seguro de que la futura religión del mundo será una religión científica, y que a Dios mismo le hallarán algún día por medio de la ciencia los que no le hayan encontrado muchísimo antes por medio del amor. Así, pues, estos tanteos, estos ensayos, estas zurderías de la ciencia que busca, me conmueven y me enternecen. Pero, ¿por qué para destruir un fanatismo hemos de emplear a menudo otro fanatismo, y por qué en nuestro afán experimental hemos de desdeñar siempre los resortes ocultos de la naturaleza humana?

La eugenesia lúcida, de la cual soy partidario, está muy bien, pero ha olvidado una sola cosa: el instinto de la especie. Lo primero que ha de procurar cuando se trata de casar a alguien, es algo que nunca se les ocurre a los médicos eugenésicos, a saber: ¡que este alguien esté enamorado! La naturaleza, que siempre ha sido eugenésica, más de lo que se cree, o de lo que creen en Wisconsin, porque le va en ello la existencia, hace que se enamoren los seres que son aptos para procrear una raza que «a ella le conviene».

Recordemos los sagaces y tan conocidos pensamientos de Schopenhauer a este respecto:

«Los matrimonios de amor se hacen en interés de la especie y no del individuo. Es cierto que los amantes se imaginan encontrar su propia ventura, pero el fin real se les esconde por completo, porque radica en la procreación de un individuo que no es posible sino por medio de ellos.

»El resultado final del amor es nada menos que la combinación de la generación futura. Las personas que entrarán en escena cuando nosotros salgamos se encuentran así determinadas en su existencia y en sus cualidades por esta frívola pasión del amor. La alta importancia de esa cuestión, que se refiere a la existencia del género humano, se presenta como la expresión más elevada de la voluntad individual, que se transforma en voluntad de la especie.

»El deseo de amor que los poetas de todas las épocas describen bajo todas las formas, sin agotar jamás el asunto, ese deseo que vincula en la posesión de una mujer determinada la certidumbre de una felicidad inexpresable, y la idea de dolores infinitos en la falta de esta posición; ese deseo y ese tormento sin límites, no pueden tener por causa las necesidades de un individuo efímero. Son, al contrario, la aspiración del genio de la especie, que no ve allí sino un incomparable medio de acción. Solo la especie tiene una vida infinita y solo ella puede crear deseos, satisfacciones y dolores infinitos».

Y en otra parte, el viejo y gran filósofo nos habla de la «neutralización» de «debilidades», que por cierto los eugenistas jamás han tenido en cuenta, por la miopía de su intelecto. «Tratamos —dice Schopenhauer— de neutralizar nuestras debilidades y nuestras imperfecciones por medio de las cualidades de otras personas.

«Así, cuanto menos fuerza muscular tiene un hombre, más amará a las mujeres fuertes, y viceversa. Pero como la mujer es siempre la más débil, prefiere a los hombres robustos.

»Los hombres pequeños tienen un gusto pronunciado por las mujeres grandes, y recíprocamente. Las mujeres grandes no aman a los hombres grandes, porque es uno de los instintos de la naturaleza evitar las razas de gigantes, a los cuales las madres no podrían asegurar la duración.

»Cuando una mujer grande escoge un marido grande para quedar bien en el mundo, los descendientes son débiles y raquíticos.

»La naturaleza nos impulsa a buscar un correctivo a nuestras desviaciones, a nuestros defectos, hasta en las más pequeñas partes del cuerpo. Las personas que tienen la nariz corta y ancha miran con admiración a las que la tienen aquilina, de perfil apericado. Los hombres endebles y largos prefieren a las mujercitas regordetas y "llenas"».

Y ésta es la verdadera eugenesia, la ley de los contrarios, con la que se corrigen en el mundo, naturalmente, todos los entuertos y las desviaciones.

Los eugenésicos casarían a la Venus de Milo con el Apolo de Belvedere; ¿y sabéis lo que nacería de esta unión? Un monstruo.

En cuanto a lo que se llama «normalidad», ¿no vemos acaso salir de una pareja normal un ser degenerado?

¿Y qué es la «normalidad», en suma? Lo que se ajusta al cartabón general de la especie, lo que no rebasa la medida ni es inferior a ella. Pero cuando la naturaleza ensaya nuevos tipos, en su perpetua movilidad, en su devenir constante, en su sed de mejoramiento, estos tipos ¿no han de ser por fuerza «anormales»?

Los hombres de excepción, los genios sobre todo, siempre han sido anormales con relación a su época. De aquí la tendencia de cierto cientificismo obtuso a considerarlos degenerados, cuando son en realidad progenerados. De aquí la imbécil perturbación desdeñosa de ciertos semisabios que, incapaces de juzgar la maravilla que tienen delante y de comprenderla, la atribuyen a enfermedad...

¿No se ha dicho acaso últimamente que el genio era solo una forma del «artritismo»?

¡Bendito artritismo! ¡Y quién pudiera tenerlo a voluntad!... Pero no haya miedo; es un estado «morboso» bastante raro...

•••

Cuando la ciencia conozca, si no todos, cuando menos muchos resortes hoy para ella escondidos de la naturaleza humana, la eugenesia será un gran procedimiento de progreso. La ley, lúcida, sabia, no permitirá los matrimonios sino entre seres «que se completen» y sabrá descubrir esos seres; porque acaso lo de la «media naranja» no es cosa tan vulgar como parece; acaso es cierto lo que dice el antiquísimo y misterioso «Zohar», en el que se contienen muchas de las verdades reveladas primitivamente a los hombres, cuando éstos no estaban aún intoxicados y desorientados por las filosofículas:

«Antes de venir a este mundo, cada alma y cada espíritu se compone de un hombre y de una mujer reunidos en un solo ser. Cuando descienden hacia la tierra, estas dos mitades se separan y van a animar cuerpos diferentes. Cuando llega el tiempo del matrimonio, el "santo" (¡bendito sea!) que conoce todas las almas y todos los espíritus, los une como antes y entonces, como antes, forman un solo cuerpo y una sola alma... Pero este lazo es conforme a las obras del hombre y a los caminos por los cuales marcha. Si el hombre es puro y obra piadosamente, gozará de una unión absolutamente igual a la que precedió a su nacimiento.»

Esta es la que pudiéramos llamar eugenesia mística...

Yo he pensado algunas veces que cuando un hombre tropieza en la vida con su «alma gemela», debería descubrir (visible para él solo) en la frente de la mujer «zohárica», digámoslo así, una lucecita verde...

Entonces ante este signo dejaría todo: el negocio que en aquel momento lo requiriese, el amigo, la mujer con quien hablase, el placer o la preocupación capital, para ir tras de su «complemento», antes de que el destino volviese a bifurcar sus sendas.

Quién sabe si muchos han visto esa lucecita verde... Quién sabe si un instinto seguro les ha dicho: «¡síguela!»... Pero estaban muy ocupados, o muy divertidos, o tenían pereza, o la que llevaba la lucecita no era rica, ni distinguida, quizá ni hermosa; pero era «ella», la otra porción de ellos mismos, el otro hemisferio de su alma, tal vez la mitad luminosa de ésta. Y la dejaron ir por pagarse de vanidades y apariencias necias, y su castigo es ahora el tedio, la unión sin amor con una mujer insignificante y vana, o la soledad espantosa, hasta que al fin de la vida, del otro lado de la sombra, reconozcan su error y les sea permitida la unión mística, merced a la cual, de dos naturalezas incompletas, se forma una naturaleza angélica...

—¡Vi, dice Swedenborg en sus visiones, venir un ángel en un carro resplandeciente... mas cuando estuvo cerca, advertí que no era un ángel, sino dos!

•••

Maeterlinck, cuya sagacidad ha ahondado tan profundamente en el corazón del enigma, adivinó (el fin por excelencia del poeta ¿no es por ventura adivinar? ¿No es la poesía, según la célebre definición, «una filosofía que se sueña?»), adivinó esta dualidad «zohárica» anterior a la vida planetaria, y la expuso admirablemente en *El pájaro azul*, que muchas de mis lectoras habrán quizá tenido la dicha de ver en París.

«El Tiempo», que en el acto V, 10 cuadro, intitulado *Le royaume del'avenir*, escoge a las almas, para quienes ha llegado el momento de nacer, cuando ya ha elegido varias y va a entrar con ellas a la vida, nota que le falta un espíritu, al cual llaman «El enamorado».

—En vano se oculta —dice El Tiempo—; le veo entre la multitud... a mí no se me engaña... Vamos, chiquillo, tú a quien llaman el enamorado, di adiós a tu bella.

Los dos espíritus (en la escena unos niños casi adolescentes), a quienes llaman los enamorados, enlazándose tiernamente y con el rostro lívido, avanzan hacia El Tiempo y se arrodillan ante él.

Ella le dice: Señor Tiempo, dejadme partir con El.

El le dice: Señor Tiempo, dejadme permanecer con Ella.

El Tiempo: ¡Imposible! Ya no nos quedan más que 199 segundos.

El dice: ¡Prefiero no nacer!

El Tiempo: Es que no te dan a elegir...

Ella (suplicante): Señor Tiempo: ¡llegaré demasiado tarde! (a la Vida).

El: ¡Y yo ya no estaré allí (en la Vida) cuando ella baje!

Ella: ¡Ya no le veré!

El: Vivirá cada uno solo en el mundo...

El Tiempo: Eso no me atañe... Reclamádselo a la Vida... Yo uno o separo, según lo que me han dicho (cogiendo al niño). ¡Ven!

El (debatiéndose): ¡No, no, no! ¡Ella también!

Ella (cogiéndose de los vestidos de su compañero): ¡Dejadle! ¡Dejadle!

El Tiempo: Pero vamos, si no es para morir; ¡es para vivir! (arrastrando al niño). ¡Ven!

Ella (tendiendo desesperadamente los brazos hacia el niño que se llevan): ¡Un signo! ¡Un solo signo! ¡Dime cómo he de encontrarte!

El: Te amaré siempre...

Ella: Estaré tan triste en la vida... ¡Tú me reconocerás!

Recuerda uno mecánicamente al leer esto los bellísimos versos del esclavo, de J. M. de Heredia, cuando ruega al viajero que busque a su amada lejana:

> Sois pitoyable, pars, va, cherche Cleariste
> et dis-lui queje vis encor pour la revoir:
> tu la reconnaltras, car elle est toujours triste!

«¡La reconocerás por su tristeza!» En efecto, qué mejor signo de reconocimiento para las almas gemelas venidas después de nosotros a este valle de lágrimas que la melancolía profunda de no haberlas encontrado, impresa inequívocamente en la palidez de nuestra cara...

«Me reconocerás por mi tristeza...»

Pero advierto que esto ya no es eugenesia, sino poesía, y doblo la hoja.

El termómetro

No sé quién dijo —y la frase volvióse ya lugar común— que la prensa es el termómetro de la cultura. En la actualidad —desde que en México empezó el movimiento revolucionario que ha amenazado acabar con una patria tan bella—, la prensa es el termómetro de la tortura para los mexicanos que vivimos en lejanas tierras y que, por decirlo así, tenemos nuestra alma temblorosa en conexión con la electricidad del cable submarino...

Si alguno de vosotros ha visto luchar con la muerte a un ser amado, sabrá el horror que se encierra en ese tubito de vidrio por donde asciende y desciende el mercurio, midiendo los grados de nuestra angustia.

Nunca en más pequeño espacio se encerró mayor cantidad de dolor.

Por las mañanas, la columna mercurial baja: al retirarla de la carne adorada, notamos que apenas si excede de los 37,0. Sentimos entonces un consuelo infinito. Desearíamos que el fervor de nuestras bendiciones llegase hasta Aquel que hace y deshace nuestras vidas con impasibilidad divina, y le produjese un placer...

Anhelaríamos que ese ser desconocido tuviese manos, para besárselas con transporte de incontenible gratitud... Pero avanza el día... y la columnita espejeante del mercurio va ascendiendo irremisible, fatalmente. Cada vez que la aplicamos a las axilas calenturientas del enfermo, acusa algunas décimas de más...

Nuestra inquietud se encrespa... El fatídico 40 está cerca ya del límite superior del mercurio.

Ese horrible cero que sigue al 4, es un abismo. Detrás de esa ventana circular asoma la muerte...

Un grado... dos grados más y el enfermo que idolatramos se despeñará en la eternidad. Los pulsos, tras un galopar furioso, al que acompaña la respiración, empezarán, cansados, a indicar la arritmia de la entraña nobilísima en que los antiguos hacían residir el amor... ¡Ah! sí, muchos de vosotros sabéis de estas cosas... Muchos de vosotros conocéis el momento trágico en que, agotados los estimulantes, hay que recurrir al oxígeno... para que no detenga su ritmo vital el órgano por excelencia...

¡Qué aparato inquisitorial ha visto más agonías que el termómetro!

Yo guardo uno en el íntimo museo de mis recuerdos, que ha medido con sus oscilaciones las agonías mayores de mi vida...

•••

Pues bien: la prensa, con ese adorable enfermo que se llama la Patria, la augusta Patria, hace oficios de termómetro para los mexicanos ausentes.

En Madrid, donde los diarios se ocupan tan poco del extranjero, se necesita esperar los diarios de París, que llegan con dos días de retraso, para saber algo definido. Y es indecible la angustia que hay en esta expectación. Aquí, en la frontera, por la noche, ya tarde, se reciben los periódicos de la capital de Francia. Han corrido todo el día, a razón de 80 kilómetros por hora, para llegar a San Sebastián a las once, a veces a la media noche.

¡Quién tendría el valor de recogerse antes de leerlos!... Ellos van a decirnos la temperatura del enfermo querido...

Feliz la noche en que un optimismo asoma entre las rejillas de las líneas impresas...

Con qué descanso interior nos entregamos al sueño...

Pero esto es lo excepcional. Lo común es el ascenso de la columna termométrica, la alarma brusca, que mantiene el espíritu en una tensión febril, que solo el esfuerzo continuo y soberano de la voluntad puede vencer.

Y va para tres años de esta auscultación penosa del corazón de la Patria; tres años de una tortura inútil para los que nada podemos hacer! ¡Escribir! Para qué, si la gran masa no lee y tantos de los que leen no quieren comprender...

•••

Hay, ha habido, sin embargo, ciertos espíritus capaces de sobrenadar en el parcial eclipse de la conciencia pública, y estos espíritus son inmensamente dignos de respeto. Alrededor de ellos se agrupan las esperanzas de salud y redención, alicaídas, rotas, pero rebeldes al aniquilamiento de los que, a pesar de todo, nos obstinamos en vivir.

Alrededor de ellos, en estos últimos días, un resplandor de patriotismo, casi unánime, ha iluminado la negrura...

Y a su luz hemos vuelto a soñar en un México reconstituido, que restañe sus heridas y torne, de cara al Sol, a abrir el surco y a desparramar la simiente.

Hemos soñado, por fin, que una lucidez bendita se filtra por entre los apasionamientos, las ignorancias y las avideces, y que un gran impulso de dignidad nacional enlaza todas las almas y une en el mismo vigoroso ritmo vital los corazones todos de los mexicanos.

Una brújula

Con mucha frecuencia, lectores y lectoras de *La Nación* me preguntan qué libros deberían leer, qué moral ha de servirles de brújula en su vida.

Ansiarían, algunos de esos espíritus noblemente inquietos, una guía espiritual que les orientase plenamente en la borrasca y la oscuridad.

Muchos y muchas de las consultantes son jóvenes y revelan una sed verdaderamente conmovedora de verdad.

Parecería peregrino, a un escritor que no intentase ver el fondo de las cosas, que en un país como la República del Plata, en que todas las energías y todas las audacias comerciales del mundo se han dado cita; en un país en que la lucha por la vida es tan febril; en un país de actividades prácticas tan poderosas, hubiese innumerables almas contemplativas, sedientas de ideal, ansiosas de conocer las supremas realidades. Pero esto no debe extrañarnos, porque es justamente característica de las naciones nuevas y vigorosas la persecución «integral» de las grandes finalidades humanas, en tanto que las naciones viejas y gastadas suelen, por hábitos que arraigaron ya en la entraña, ser unilaterales en su fin.

A fuerza de haber ejercitado durante muchas generaciones cierto género de actividades, acaban por seguir casi mecánicamente el mismo camino, y rehúsan con obstinación ensayar nuevas formas y nuevos derroteros.

En Estados Unidos se verifica un fenómeno análogo al que se advierte en la República Argentina. Ningún país más «práctico» en el mundo, y ninguno, sin embargo, donde con más ardor se especule sobre trascendencias que están más allá de todo «provecho» tal como esta palabra se comprende en el siglo XX.

Al lado de un rey del petróleo o del hierro o de las conservas alimenticias, florece la maravilla de un Emerson o de un William James; surgen un Marden, un Trine, un Kerulworth; y junto a los rimeros de libros de estadística, de tejemaneje de la Bolsa o de Dryfarming, las más puras flores de poesía y de espiritualismo difunden su esencia sutil y preciosa.

•••

Pero volvamos a nuestros lectores argentinos.

Querrían éstos, en su mayoría, un código moral, sencillo, puro, cristalino, que sin chocar con dogma ninguno (ni tampoco basarse en ellos para dejar al espíritu la plena libertad que reclama en esta época), no contradijese tampoco los elementales principios científicos que la civilización considera intangibles.

Los lectores que piden esta orientación pudieran entrar dentro de una categoría especial.

Hay empero otra no menos minuciosa y tan simpática como la primera; más atendible quizá todavía por el concepto del Dolor: y es la de los lectores (lectoras sobre todo) que ansían hallar en los libros un consuelo, un tónico, un cordial, para tener el valor de seguir viviendo esta vida moderna cada vez más dura, cada vez más áspera, cada vez más tosca y despiadada.

¿Quién podrá dudar ni un momento de la intensa, de la profunda, de la amorosa predilección que experimento por las dos categorías de lectores?

¡Qué felicidad tan enorme la mía si a la primera pudiese darle luz y a la segunda consuelo, o mejor dicho, luz a las dos, ya que en la luz está todo: la verdad, el consuelo y la paz!

...Pero —y esta no es una falsa modestia— mis lectores me honran demasiado, atribuyéndome facultades que no tengo.

Yo soy un hombre que, como ellos, va a tientas por el camino de la vida. Que buscó justamente en los libros años y años una convicción sin hallar más que ligeras chispas de luz pálida, para recorrer el inmenso túnel negro...

Únicamente, ese hombre, ese viajero extraviado como todos en medio de la inmensa noche, juntando las leves luciérnagas tan pálidas de sus lecturas y las de sus propias reflexiones y hallando que apenas alumbraban lo suficiente para no chocar contra los enormes obstáculos inmóviles, tétricos y oscuros, tuvo una idea, idea ingenua, sencilla, infantil que tantos y tantos han tenido de fijo antes de él: y fue unir a la macilenta luz de las ideas otra más viva y eficaz: la de su amor, recordando acaso el proverbio latino que dice: cuanto más amor, más entendimiento.

Vio entonces que el túnel se volvía menos negro y que su paso era más seguro y firme. Lleno de alegría por el hallazgo, y una vez que hubo comprobado su eficacia, pensó ofrecer del aceite de su lámpara a sus hermanos, o más bien, en decirles en dónde podían buscar, dentro de ellos mismos, ese precioso aceite.

Naturalmente, la lámpara así apañada no lo alumbraba todo... Innumerables y toscas arquitecturas misteriosas seguían irguiéndose al lado del inacabable túnel.

¿Pero no es verdad que era ya mucho ver la línea estrecha y blanca del camino hasta cierta distancia?

El automóvil que marcha por la carretera solitaria en medio de la noche, lleva sus faros eléctricos o su luz de acetileno que permiten al mecánico ver cien metros de camino delantero. Poco es y es mucho. Cien metros de respiro para una maniobra... cien metros de seguridad... cien metros de terreno luminoso.

•••

El caminante este no desdeña la luz de los libros y sigue afanosamente leyendo cuantos puede. Cree en las ideas. Adora las ideas. Pero comprende que ellas solas llevan al progreso unilateral de que hablaba al principio. Además, ciegan a los sabios; les llenan de soberbia y les hacen desdeñar toda otra función espiritual como inferior.

Por lo que respecta a los libros de moral, están casi todos encauzados por el lecho de los prejuicios. Los libros religiosos no saben desprenderse de los dogmas y de los ritos. Hay gente piadosa nutrida en ellos, que por nada en el mundo dejaría de oír una misa de precepto y que muy tranquilamente permite que se mueran de hambre y de angustia tantas gentes a quienes pudiera salvar desprendiéndose nada más de algunas costosísimas futesas y vanidades.

Muchas almas buenas (en Inglaterra, en Francia, en Italia, en los Estados Unidos, en la República Argentina, en Chile, en mi Patria) han buscado en las tenidas vedantas, ya la concordia necesaria entre la ciencia y una posible religión moderna, ya la ética por excelencia.

Todos saben mi simpatía por el vedantismo (simpatía que está muy lejos de la convicción; que es motivo literario de muchas de mis producciones, y que procura mantenerse equidistante de un panteísmo espiritualista exaltado y de un dualismo). Pero comprendo que hay en estas ideas, de seguro admirables, por una parte tan sutil metafísica, que parece, por lo afilada y fría, cloruro de etilo, y por otra una tan gruesa madeja de ocultismos y magias inferiores (caras a los espíritus mediocres), que no induciría yo a mis amigos a embarcarse en ese barco de bambú por el Ganges sagrado...

Pienso con Maeterlinck con respecto a la Reencarnación, por ejemplo, «cuánto es de lamentar que los argumentos de los teósofos y de los neo-espíritas no sean perentorios, porque nunca ha habido una creencia más bella, más justa, más pura, más moral, más fecunda, más consoladora y hasta cierto punto más verosímil que la suya». Pienso con el mismo autor que «solo con su doctrina de las expiaciones y de las purificaciones se justifican todas las desigualdades físicas e intelectuales, todas las iniquidades sociales, todas las abominables injusticias del destino». (*La Mort*. Capítulo V, III.)

Pero juzgo al propio tiempo que hay un gran peligro para las almas jóvenes en no digerir estas teorías (a veces demasiado bellas y profundas) y en sufrir en pleno desarrollo el desgano de toda acción.

Acaso el vedantismo (sin Kabbalas ni cuzaciones de sánscrito) es un dulce manjar para los hombres modernos, que ya empiezan a columbrar desde su barco la playa de la muerte...

Libros hay que con estas salvedades aconsejarían a los lectores y lectoras en cuestión; algunos de ellos han sido citados por mí en estas correspondencias; pero es quizá mejor que la abeja ya docta busque por sí misma, más tarde, las flores que han de darle mejor miel.

•••

¿Qué nos queda, pues, en asunto de libros-breviarios, de libros-guías? Marden es muy tónico; Trine, muy dulce y consolador.

Los antiguos estoicos siguen, en su marmórea frialdad, siendo maravillosos.

Dado hace muchos años me escribió, con motivo de un gran dolor:

«Lea usted a Marco Aurelio».

Yo añado: «Lea usted a Epicteto».

No sonriáis: hay infinitas gentes instruidas que no han leído ni a uno ni a otro.

Mas a todos y a todas las que buscan unas páginas concisas, diamantinas, eternas, les traduciré estas breves palabras de Tolstoi, que valen por un libro y que podrían copiarse en una simple hojita de vitela o de papel de hilo, para llevarlas siempre en la cartera... o en el bolso.

Leedlas y retenedlas en vuestro cerebro y en vuestro corazón:

«Desde que la humanidad existe y transmite sus adquisiciones materiales, de generación en generación, ha elaborado principios morales que constituyen la base de su existencia y las reglas de su conducta. El hecho de que los ciegos no los vean no prueba en modo alguno que no existan. No se trata aquí de una determinada religión con sus particularidades y sus defectos, sino de aquella que comprende reglas obligatorias para las nueve décimas partes de la especie humana, una religión común a todos los hombres de nuestro tiempo. Si los hombres no se han vuelto enteramente bestias fieras es porque los mejores de entre ellos, en todos los pueblos, siguen aún, aunque inconscientemente, esta religión...

»Las reglas de esta verdadera religión están de tal suerte en la naturaleza humana, que cuando se las hace conocer a nuevos adeptos se las asimilan como algo que les es familiar desde hace largo tiempo y que se sobrentiende. Para nosotros esta verdadera religión es el cristianismo, en aquellos de sus principios que están conformes con los principios fundamentales del brahmanismo, del confucionismo, del taoísmo, del judaísmo, del budismo y hasta del mahometismo. Así como para aquellos que profesan el brahmanismo, el confucionismo, etc., la verdadera religión será aquella cuyos principios concuerden con los de otras grandes religiones.

»Estos principios no son numerosos, son simples, inteligibles. Dios es el origen de todo, el hombre es una parcela de este principio divino, que puede acrecentar o disminuir según su género de vida; para aumentarlo es preciso rehuir nuestras pasiones y fomentar en nosotros el amor; el medio práctico de llegar a ello es obrar con los otros como queramos que ellos obren con nosotros».

El párrafo anterior es «toda la ley y los profetas», pero aún cabría la condensación evangélica, que podría grabarse en una piedra preciosa: Amar a Dios sobre todas las cosas y al prójimo como a nosotros mismos.

Ella es la esencia pura del cristianismo, del cristianismo que según Salomón Reinach (ateo tranquilo, convencido y por ende poco sospechoso de parcialidad) es el ímpetu espiritual más poderoso que haya transformado las almas y continúa evolucionando en ellas.

Este es el espíritu del Evangelio, que según el abate Loisy constituye «la más alta manifestación de la conciencia humana, que busca la felicidad y la justicia».

No hay vida ni acto de la vida que no pueda normarse por las breves reglas condensadas por el grande anciano Tolstoi. Esos preceptos sucintos y diamantinos constituyen, pues, y constituirán siempre la brújula que tantos nautas angustiados piden a las estrellas; que tantos lectores y lectoras de *La Nación* me piden ingenuamente a mí.

Por su parte Faguet, en su *Iniciación filosófica*, dice que el cristianismo «como moral presentó algo completamente nuevo y tan bello, que no es probable que la humanidad pueda sobrepasarla nunca. Puede resumirse así, aunque incompleta e imperfectamente: amor de Dios; no debemos temer a Dios en la forma en que lo hicieron los paganos y los antiguos judíos; es preciso amarlo, amarlo apasionadamente, como un hijo a su padre, y obrar siempre de acuerdo y en consideración a ese amor. Todos los hombres son hermanos, puesto que son hijos de Dios, y deben amarse como tales. Amad al prójimo como a vos mismo; amad a los que no os aman; amad a vuestros enemigos; no codiciéis los bienes de este mundo ni seáis ambiciosos, ni orgullosos; porque Dios ama a los pequeños, a los humildes, a los que sufren, a los necesitados, y ha de exaltar a los humildes y abatir a los poderosos».

La muerte de la galantería

El tranvía número 6, uno de los más simpáticos de la villa y corte (no porque sea el que deja diariamente en su domicilio a este servidor de ustedes, sino porque tiene coches llamados «simpáticos» por el público, merced a su disposición moderna, y une, además, dos sitios deliciosos de Madrid (el Retiro y el Parque del Oeste); el tranvía número 6, digo, describía una vasta curva en la gran plaza de Castelar para entrar en la calle de Alcalá, cuando una viejecita hizo seña al conductor de que se detuviese en la parada que hay a la izquierda de la Cibeles.

Era una anciana bajita, regordeta, de aspecto simpático. Subió —sin mucha pena— a la plataforma posterior, en la cual me encontraba yo entregado a la ardua tarea de conservar mi equilibrio a cada brusco desplazamiento de mi centro de gravedad, y miró con cierto afán al interior del coche, completo.

Los pasajeros, hombres en su mayoría, o no la vieron o no quisieron levantarse, menos uno, cenceño, de bigote y pera canosos, de ojos vivaces y muy expresivos, el cual, en cuanto la miró, púsose en pie y, con una reverencia señoril, le ofreció su asiento.

La viejecita, con una sonrisa de tímida aquiescencia, fue a ocupar el sitio que se le brindaba, y el señor aquel, con no disimulada ufanía en el rostro enjuto y cervantesco, salió a la plataforma.

Nuestras miradas se cruzaron, y él debió leer en la mía un leve signo de aprobación, porque encarándose conmigo y con voz solemne que resonó con cierta marcialidad de proclama (¿no sería aquel señor un coronel?) o cierta solemnidad de apotegma (¿no sería aquel señor un catedrático?), exclamó perentoria y sentenciosamente:

—¡La galantería española ha muerto! Yo no sé por qué peregrina asociación de ideas me acordé de aquel curioso capítulo de Mallarmé en que se afirma que «La pénultieme est morte...», y no contesté.

Además, no estaba de acuerdo con la afirmación y no era cosa de entablar un pleito sobre punto tan arduo.

Me limité, por tanto, a seguir sonriendo con una sonrisa ambigua.

Después de cierta pausa, el hombre cenceño volvió a decir, con una convicción, si cabe, mayor aún que en la vez primera:

—¡Sí, la galantería española ha muerto!

Como nadie en la plataforma recogía su afirmación, el señor del rostro cervantesco calló; pero al llegar el tranvía a la Puerta del Sol, queriendo poner un clavo de oro a su gentileza, esperó al pie del estribo a la viejecita, cuyos olvidadizos setenta años ya no recordaban la amabilidad del caballero; le ofreció la mano, que ella aceptó entre agradada y sorprendida, y no contento con esto, enarcó su brazo derecho, donde ella apoyó, temblona, su siniestra, y la llevó así hasta la acera inmediata, que es, por cierto, la ya famosa en que un infame asesino mató villanamente al insigne don José Canalejas.

Entretanto, no sé qué pasajero exclamaba con tono zumbón:

—¡Van como dos palomos!...

•••

Yo proseguí mi trayecto pensativo.

¿Era cierto que hubiese muerto la galantería española, como «*La pénultieme*» de Mallarmé?

¡No, de ninguna manera!

¡Cuántas veces he visto a hombres de todas las categorías levantarse de su asiento para ceder su sitio a las señoras que suben al tranvía... sobre todo si son bonitas!

Hay, es verdad, otros pasajeros que se distraen, que miran con inusitada atención un punto fijo a su derecha o a su izquierda, «tácticamente», para no darse por enterados de que a un paso de ellos va una señora de pie; pero, en primer lugar, la excepción confirma la regla, y en segundo, muchos hombres, por el reuma y otros alifafes, se hallan imposibilitados para ejercer la cortesía, y con vergüenza de solicitarla para ellos, son aún más dignos de lástima que esas señoras muy gordas que se abochornan en las plataformas cuando el tranvía va completo.

No, la galantería no ha muerto, y los hispanoamericanos seremos sus últimos abencerrajes.

En las grandes metrópolis, cuando un hombre en un autobús cede el sitio a una señora que va en la plataforma, acusa «a gritos» su nacionalidad.

Recuerdo a este propósito que una tarde, hace muchos años, iba yo cómodamente sentado en un ómnibus de la línea Gare du Nord-Pont de l'Alma, cuando en los Campos Elíseos acertó a subir una señora.

Yo, como movido por un resorte —perdonando ustedes la vulgaridad de este símil tan traído y llevado—, me puse en pie y ofrecí a la viajera mi asiento con el más galante de los ademanes de mi repertorio.

(No se os ocurra tributarme ningún elogio por este simpático acto: aquella señora era joven, muy guapa, y me premió con una sonrisa, a través de la cual vi perlas más bellas que todas las de los escaparates de la rue de la Paix.)

Al salir a la plataforma, satisfecho de mi acción, di de manos a boca con mi querido amigo, y entonces compañero de tantas cosas, el ilustre Manuel Ugarte, quien después del ¡hola! natural, me dijo:

—Ya me imaginaba yo, cuando vi entrar a esa señora a ocupar un asiento cedido, que iba un hispanoamericano en el ómnibus: solo nosotros hacemos eso...

•••

Pero, ¿y por qué no lo hacen los demás?

La respuesta es muy fácil. La vida moderna no ofrece ya margen para tales complacencias. La gente va muy deprisa, a su negocio, ensimismada por el espejismo de la ganancia, con un problema en cada celdilla del cerebro.

Apenas si quedan capitales, como Madrid, en que los habitantes paseen por las calles viendo todos los escaparates con esa expresión divertida y tan agradable, sobre todo después que uno ha sufrido durante mucho tiempo los empellones de Nueva York, de Chicago o de Londres.

En París cada día se «flaneaba» menos antes de la guerra. El tráfico iba siendo formidable, y sin duda alguna, había más peligro en ir de la esquina del bulevar Haussmann a la de las Galerías Lafayette a las cuatro o cinco de la tarde, que en permanecer en una trinchera de los frentes durante un ataque de artillería...

¿Qué va a hacer la galantería en metrópolis así?

Se me objetará que siempre hay tiempo para ser cortés, o, como dijo Emerson: *Life is not so short but that there is always time for courtesy;* pero los atareados norteamericanos de la Broadway y quienes los imitan, no lo entienden así.

Por otra parte, ¿no tienen las mujeres la culpa de que los hombres les rindan cada vez menos homenajes, a causa de su persistente y fatal empeño en volverse hombres ellas mismas?

Cada día pierden un privilegio más, de esos que el sexo llamado fuerte se sentía constreñido a otorgarles, como a seres delicados y menesterosos de la ayuda, y lo pierden con fruición, proclamando, no solo que son iguales a los hombres, sino que les son superiores, en lo cual acaso tengan razón en suma, pues los biólogos modernos afirman que el sexo femenino es el «verdadero sexo fuerte...» y, pásmate, Fabio, que los hombres somos el «sexo bello...», de acuerdo en esto con tantos artistas que pretenden ser, estéticamente considerado, superior el hombre a la mujer, y aun en la estatuaria, superior el Apolo de Belvedere a la Venus de Milo... (en lo cual yo no opinaré, limitándome simplemente a hacer notar que hay por allí todavía muchas Venus —de Milo o no—, pero que los Apolos, a pesar de la boga de los deportes, escasean lamentablemente).

●●●

A la mujer la naturaleza habíala hecho guardiana de la vida, pilar de la raza, Ariadna del instinto.

Sabía más y podía más, sin saber nada, que su pobre ideólogo compañero.

El «Eclesiástico» nos asegura que ella nos llevaría adonde quisiese con solo un cabello de su cabeza; y el buen rey narigudo Francisco I nos daba su palabra de que *Ce que femme veult, Bien le veult!* Tenía ella, para obtenerlo todo, el corazón, en donde radican las fuerzas más eficaces; pues como dijo Longfellow:

It is the heart and not the brain
That to the highest doth attain.

...Pero la mujer, descontenta de esta graciosa soberanía, de este maravilloso feudo, ha querido... ¿sabéis lo que ha querido?

Pues ha querido tener ideas, muchas ideas, y las muchas ideas son las madres de la abulia, cuando no tienen por andamio un carácter verdaderamente privilegiado.

El que piensa mucho no puede querer nada definitivo, no sabe optar con resolución por nada, porque en su cerebro el pro y el contra se equilibran y balancean.

Es capaz acaso de amar infinitamente, pero amará infinitas cosas, como en los versos de Campoamor.

El hombre que piensa mucho se estará en una esquina sin saber si tomará a la izquierda o a la derecha; vacilará horriblemente entre dos manjares de un menú; se angustiará para determinar si debe ir a Niza o a Egipto en el invierno y a Biarritz o a Trouville en el verano, etc.

El animal más resuelto es el toro, porque no tiene ideas.

El asno de Buridán, que tenía ideas (*asinus sapiens...*) se murió, en cambio, de hambre entre dos haces de cebada.

Los hombres más perseverantes del mundo no han sido siempre los más pensadores, sin incidir en la acaso exagerada opinión de mi eminente amigo Manuel Machado, quien dice:

> Yo no sé más que de tontos
> que tuvieran voluntad.

Para seguir una idea con encarnizamiento se necesita que tape y obstruya todas las otras; que llene todo el cerebro. De otra suerte cada idea solicitará al pensador con atractivos especiales, como muchas novias bellas, asomadas a sendas ventanas, volverían loco a un estudiante donjuanesco.

Y las mujeres no sabían tener más que dos o tres ideas en la vida; de ahí la formidable, la estupenda eficiencia de su voluntad.

...Pero un demonio sutil les ha sugerido que se instruyan, que cambien su celeste no saber por «ese otro género de ignorancia que se llama el conocimiento», como dijo Byron *(Knowledge is not happiness and science, —but an exchange of ignorance for that— which is another kind of ignorance...)*.

El propio demonio sutil les ha insinuado que recaben privilegios, que peroren en los mítines...

Ellas lo han oído —y líbreme Dios a mí, hombre «evolutivo» y «progresista», de criticarlas—. Han hecho bien en pretenderlo y lo van logrando, y en esto como en todo superarán a los hombres... Pero al dejar de ser mujeres, al trocar la voluntad por las ideas, perderán fatalmente su soberanía.

El rey absoluto que había en ellas abdicará convirtiéndose en un parlamento...

Su espíritu platónicamente se dejará arrullar por las sirenas verbales, por la música vana de los vocablos... y la abulia entrará en él, sutil y calladamente.

Entonces los hombres, vencidos, relegados a segundo término, veremos —quizá con hondo placer— la desbandada de nuestras ideas...

Allá se irán, a la vaguedad azul... como un enjambre de oro, a acendrar en las celdillas femeninas la miel de la poesía o el agridulce de los sistemas filosóficos... Y en la cabeza vacía del sexo femenino entrará potente, altiva, tenaz, abroquelada, enhiesta, nuestra señora la voluntad.

●●●

La galantería se invertirá en aquel punto.

Las mujeres se unirán en una nueva y gentil «tabla redonda», presidida por una reina Artús.

Ginebra la rubia protegerá a Amadís, y andando los siglos, una mujer morena, enjuta y genial, escribirá un libro en el cual, jinete en Rocinante, cierta hidalga e ingeniosa amazona vaya por los caminos amparando viudos, desfaciendo entuertos, reparando agravios.

La galantería, vestida de faldas, habrá renacido.

●●●

¡Oh, deliciosas amigas mías, aún es tiempo de deteneros en ese plano inclinado que os lleva al abismo!

Leed, en buena hora (qué menos hemos de anhelar los poetas que para vosotras escribimos). Sed instruidas... ¡pero no mucho!

No perdáis el hilo de vuestro instinto primordial.

No dilapidéis el frasco divino en que Arcano puso la esencia de la vida.

No dejéis volatilizarse el perfume de vuestro celeste secreto.

Dejad al hombre esa apariencia de soberanía que lo contenta.

Que él reine, pero no gobierne, como hasta aquí, y que vuelva de esta suerte a abrirse en los jardines del mundo la prestigiosa flor de la galantería: terciopelo de la garra que se cree fuerte, guante de la mano que se cree firme, delicada mentira que complace al varón, vuestro siervo milenario, cuya cadena queréis imprudentemente romper...

Brevedad

Es bien sabida la historia de aquel califa de Bagdad que, deseoso de instruirse y no pudiendo llevar consigo en sus frecuentes viajes toda su biblioteca, pidió a los sabios de su reino que le condensasen hábilmente la ciencia entera de la Humanidad, en número tal de volúmenes que pudiesen cargarlos diez camellos.

Los sabios pusiéronse a la obra, y después de ímprobos trabajos lograron su propósito. El califa pudo en adelante pasear toda su biblioteca por los ámbitos de su vasto reino. Los diez camellos seguíanle siempre, acompasados, llevando su carga de gruesos volúmenes.

...Pero los camellos eran muchos y la biblioteca ambulante resultaba demasiado copiosa. El califa hizo convocar de nuevo a los sabios.

—Quiero —dijo— que me condenséis todos estos volúmenes en la décima parte de ellos, a fin de que un solo camello, que me siga por dondequiera, lleve a cuestas toda la sabiduría del orbe, y pueda yo consultarla donde me plazca.

Los ancianos doctos del reino pusiéronse otra vez a la obra, y después de luengos y concienzudos trabajos, del más paciente benedictinismo, lograron el propósito del monarca.

Un solo camello, en adelante, llevó por dondequiera la biblioteca del califa.

A veces, muy frecuentemente, cuando la pomposa comitiva sesteaba a la sombra de los grandes árboles, el califa pedía su camello y tomaba de él los volúmenes que le placía para leer, comentando con los más avisados de su numeroso cortejo la sabrosa o profunda doctrina, la gracia más o menos frívola, la descripción más o menos pintoresca.

Mas ¡ay!, un camello cargado de libros era aún demasiado, y el real capricho ansió algo mejor: ansió que en un solo libro los sabios de su reino condensasen toda la ciencia del planeta.

No hay para qué ponderar el trabajo enorme de los níveos eruditos septuagenarios... ¡pero quién iba a negarse al deseo del califa! Después de larguísimos desvelos un libro estupendo (no diré que poco voluminoso), cuyas páginas eran de la más fina vitela, contenía el extracto de cuanto los hombres habían pensado, visto y sentido...

¡Cuál no fue la alegría del califa! ¡No más reata, no más rosario de camellos! El precioso libro, envuelto en damasco rojo, iba fijado por correas al propio arzón de su caballo árabe!

A cada paso, el monarca tomaba su libro entre las largas y afiladas maños de marfil, y leía con fruición las viejas sentencias de los grandes sabios, los admirables himnos religiosos con que los nobles espíritus supieron, en el comienzo de la historia, loar a la Divinidad; las observaciones de los hombres pacientes que descubrieron con tesón los secretos de la Naturaleza...

Mas sucedió (ya os lo imaginaréis) que después de sobar y resobar el libro, nuestro califa encontró que aún era harto voluminoso y pesado... y ocurriósele pedir a los sabios de su reino un milagro: que hiciesen labrar en la gran esmeralda de una sortija, la más bella piedra que hubo jamás en el tesoro de un rey, una sentencia, una sola, que condensase toda la sabiduría humana...

Imaginaos la estupefacción de los sabios. Aquello era peor que el famoso cordero de Salomón, condensado en una píldora...

Se cuenta que un año entero estuvieron meditando los blancos ancianos, y meditando estarían aún si el califa no hubiese enviado a decirles que, como no le entregaran la sentencia a su lapidario antes de la Luna de abril (era la Luna de marzo), haría con sus doctas cabezas calvas el más completo y substancioso racimo que se hubiese visto en sus reinos...

Antes, pues, de la Luna de abril, el lapidario real tenía en su poder la sentencia; antes de la Luna de mayo, con los más finos y bellos caracteres, en la enigmática superficie verde de la gran esmeralda estaba grabada (pongo por caso, pues que la historia no ha dilucidado aún bien este asunto) la siguiente sentencia fulgurante y eterna: «Alá es grande. Amale sobre todas las cosas... ¡Y no te fíes de las mujeres!».

•••

He recordado esta peregrina historia, que viene muy de lejos y se refiere de muchas maneras, el otro día, a propósito de un elogio que me dirigió un amigo, elogio que ya debí antes a la amabilidad de Rubén Darío:

—A usted —me decía mi amigo— se le lee siempre con gusto, porque es breve...

Cuando publiqué mi primera novela, *El bachiller*, un crítico de México, tras algunos juicios poco satisfactorios, concluía así:

«Por lo demás, la novela es breve... como el ingenio que la produjo.»

Y he perseverado en esta brevedad, en esta homeopatía intelectual, hasta hoy. Una novela mía se lee siempre en media hora, a lo sumo, y puedo decir como Bécquer para tranquilizar a la gentil amiga suya, a quien ofrecía dedicar un libro:

«No temas, un libro mío no puede ser largo...»

¿Es un mérito la brevedad?

Cuando, como en mi caso, poco bueno se puede decir, sin duda alguna; cuando hay en el cerebro abundancia de noticias jugosas para ilustrar y edificar a los humanos, claro que no; pero sucede que, aun estando poblado un cerebro de lo mejor, la humanidad va tan deprisa, está tan atareada, que cada día permite menos fertilidad a la erudición y menos desarrollo a la literatura.

Dijo Balmes que un genio es una fábrica, y un erudito, un almacén.

No cabe duda de que los almacenes son de primera necesidad; pero no hay tiempo de hacer inventario de sus existencias. Problemas formidables solicitan al hombre y a la mujer en el mundo moderno. Ni en la más apartada provincia se puede ya dedicar una vida al benedictinismo, y quien quiera decir algo útil, algo bello, algo noble, algo consolador a sus hermanos ha de decírselo brevemente.

Cuando los sabios del porvenir, ante el niágara actual de libros impresos, hagan por mandato del Estado la labor tremenda que el califa de Bagdad confió a sus temblorosos ancianos, ¿qué quedará de las diversas literaturas y filosofías para los escolares nerviosos, ágiles y atareados del tiempo futuro?

Sin duda alguna, hermosos libros breves, en que, como centellas, fulguran los pensamientos de los grandes hombres. Síntesis admirables de lo que soñaron y reflexionaron las razas...

Ya vemos que de lo que contienen los libros geniales no se ha hecho pensamiento de todos los pensamientos, no ha formado el espíritu de los demás, sino lo esencial.

De Shakespeare la Humanidad sabe diez o veinte sentencias y pensamientos. Los eruditos saben lo demás; el almacén de que habló Balmes está repleto... pero la Humanidad no lo visita, y vive con la substancia de lo que el gran genio inglés dio al mundo.

Por él sabemos que «estamos hechos de la propia substancia de nuestros sueños»: «We are such stuff as dreams are made on, and our life rounded with a sleep».

Por él sabemos que «ser o no ser es el gran problema».

Por él sabemos que «hay más cosas en los cielos y en la tierra de las que entiende nuestra filosofía».

Por él sabemos que «la vida es el sueño de una sombra errante»...

Y aun cuando no supiéramos sino estas cosas, y unas cuantas más; aun cuando no hubiésemos leído sus treinta y cuatro plays, sus poemas, sus sonetos, su *Passionate Pilgrin*, esos pensamientos, al par hondos y fulgurantes, merecerían que el Titán hubiese existido, y la Humanidad que los ha asimilado a la propia esencia del alma humana tendría eternamente que agradecérselos.

¿Qué sabe la gente del Evangelio?

Fuera de los predicadores y de algunos eruditos, bien pocas sentencias.

Muchas de ellas se repiten ignorándose de dónde vienen.

Pero basta con las que van de boca en boca, de padres a hijos, para que la figura de Jesús aparezca en toda su dulce divinidad.

Con unas cuantas desoladas frases del Eclesiástico, con unos cuantos versículos de los *Salmos*, con unas cuantas palabras de amor del *Cantar de los cantares*, con unas cuantas quejas inmortales de *Job*, nos bastaría asimismo para la peregrinación por el mundo, y la Biblia merecería por ello haberse escrito y haber sido el oráculo de los hombres.

Una página misteriosa del *Baghavad Gita*, tomada de los diálogos de Krishna y Arjuna, unas cuántas parábolas búdhicas, unas breves definiciones de los Upanishadas, justificarían asimismo la pensativa India...

Y así de todo, y así de todos...

Pocas perlas se salvarán del gran collar; ¡pero cuantísimo oriente mostrarán esas perlas! El tesoro filosófico y literario de la Humanidad estará un día en las manos de todos los niños de quince años, ya meditabundos, ya blandamente reflexivos, con los ojos ya llenos de oceánico ensueño y el saber cósmico de las razas.

De suerte que, amigos míos, los que sabemos poco, los que podemos decir poco, alegrémonos, regocijémonos de haberlo dicho con una concisión fuerte y piadosa al propio tiempo, con aquella concisión que el perfecto Flaubert, de sobriedades numismáticas, exigía al frondoso Maupassant joven.

Fustel de Coulanges decía que diez años, cuando menos, de análisis deben preceder a un fin de síntesis.

Pero ha de llegar para la Humanidad, después no de diez, sino de diez mil años de análisis, el día maravilloso y diamantino de la síntesis total.

Entonces, nuestro pequeño pensar, nuestro mínimo sentir radiará como una chispita clara y cordial en el resplandor formidable de las conclusiones definitivas...; porque lo poco que dijimos lo dijimos con mucha humildad y sobre todo con mucho, con muchísimo amor...; porque fuimos sinceros al decirlo, y añadimos así nuestra visión límpida del mundo a la visión prodigiosa de la conciencia eterna.

Nuestro espíritu asimismo, en los planos superiores donde acierte a morar tras incesantes esfuerzos, sonreirá (los espíritus también saben sonreír, y aun añadiría que es una de sus más delicadas prerrogativas), sonreirá, pensando que ahorró a muchos compiladores el trabajo de condensar sus obras.

Todo lo que pensó y sintió en sus largas peregrinaciones podrá estar grabado en la esmeralda de una sortija...

Si es cierto que no hay comedia, tragedia o drama que no pueda desarrollarse mucho mejor de lo que lo está en un solo acto, ni libro que no pueda caber en un capítulo (y eso tratándose de las grandes obras), nos complacerá sobremanera, ¿verdad, amigos míos?, pensar que nosotros, previsores, nos contentamos con escribir un solo acto.

Habremos sido como esos cocuyos de mi tierra, que fulguran misteriosamente en la noche, con fosfórea y furtiva luz, y a quienes no siempre el caminante puede seguir con la vista.

Brillaron un instante y pasaron; mas el trémulo relámpago de oro bastó al viajero para ver la bifurcación del camino, ¡y ya no se perdió en medio de la noche!

En defensa del diablo

Empezaré por decir —y, lector, habrás de creérmelo sin juramento— que el diablo no necesita que le defiendan. El diablo no es sino el fondo negro de donde se destacan las luminosas maravillas del universo, el reflujo correlativo de todo flujo, la reacción necesaria a la acción.

No es un ser, y, por tanto, nadie puede hacerle daño.

Pero supongamos que es un ser y que se le calumnia: ¿cuál debe ser entonces nuestra actitud? Nuestra actitud debe ser de estricta equidad: ¿qué hombre verdaderamente humano va a negar su ciencia al diablo simplemente porque del diablo se trata?

Refiere la leyenda que a un pintor, de los hoy llamados primitivos, le encargaron de un convento un cuadro de San Miguel.

Naturalmente, el buen pintor afanóse en su obra pintando a San Miguel de una hermosura singular y afeando al diablo, que yacía maltrecho a sus pies, de tal manera que ni en el infierno le hubieran conocido.

El cuadro fue muy admirado por los buenos religiosos y hasta por algunos artistas amigos del autor; pero, según parece, el diablo no quedó satisfecho.

Convengamos en que tenía razón.

Por menos que eso devuelve uno un retrato al más pintiparado de los fotógrafos.

Aun cuando el diablo, por lo general, desdeña el defenderse, en aquella ocasión resolvió hacerlo. Presentóse, pues, al pintor, en sueños, y le echó en cara su conducta.

—Mírame bien —le dijo—. ¿Tengo, por ventura, cuernos, hocico de chivo, patas de gallo, uñas de dragón y cola de perro? ¿No soy acaso bello? ¿De una sombría y trágica belleza, si te parece, pero no por eso menos grande? Acuérdate de que era un arcángel. Dios me lanzó a los abismos, pero no me afeó. Perdí el cielo, mas no la suprema excelencia de mi naturaleza. Píntame en buena hora vencido por ese arcángel de túnica violeta y sandalias doradas que tiene una espada flamígera en la diestra y que me hace, en un letrerito miniado en cinta color de rosa, que se enreda al lado de su cabeza, una pregunta de clavo pasado (*quis est Deus?*) Píntame angustiadísimo, si te place; humíllame cuanto puedas bajo las sandalias de Miguel, pero quítame, pues que me conoces ya, esos apéndices ridículos y esos belfos asquerosos.

A lo que parece, el pintor quiso defenderse.

—Si te pinto tan feo —le dijo—, no es precisamente porque yo crea que lo eres, sino porque quiero simbolizar con esas características bestiales que tanto te disgustan tus malas pasiones.

El diablo rearguyó enseguida:

—¿Y cuáles son esas malas pasiones? Yo no tuve más que un pecado: la soberbia. Y para ese pecado no necesitas buscar figuras de animales.

Los animales no son soberbios. El único soberbio es el hombre. Píntame, pues, a lo menos, como un hombre altivo, en la expresión de cuyo rostro haya un orgullo sin límites.

En cambio de este pecado que me perdió, podrías recordar algunas de mis virtudes.

¿No decís que soy espléndido, generoso con los que me sirven?

¿No afirmáis que ayudo a los inventores?

¿No pretendéis que sé muchas cosas, si no por diablo, cuando menos por viejo?

Y Satanás siguió por ahí, hablando con tal elocuencia y pretendiendo tener tales cualidades, que el pintor, convencido y corrido, le prometió corregir su obra; y refiere la leyenda que, al día siguiente, empezó a cumplir su promesa y que aún se ve —no diré en qué iglesia de Italia— el cuadro en cuestión, con un diablo de tan sombría y enigmática hermosura, que eclipsa a su vencedor arcángel, a pesar de toda la luz que el pintor puso en éste y toda la sombra que rodea al gran vencido.

•••

Viene esto a cuento de unas páginas que acabo de leer y que formarán parte de un libro que, traducido del inglés, habrá de publicarse en París dentro de dos o tres meses.

Este libro, de la escritora americana Elsa Burker, se intitulará *Las cartas del muerto viviente*, y se compondrá de una correspondencia nutridísima que por medio de la escritura automática, según pretende la señora Burker, escribía Mr. X, un yanqui muerto hace poco.

He aquí cómo refiere el suceso la autora:

«Una noche del año pasado, durante mi permanencia en París, me sentí fuertemente incitada a coger un lápiz y a escribir, sin tener, no obstante, idea ninguna de lo que iba a escribir. Cediendo al impulso, mi mano era dirigida por una fuerza extraña y transmitía un mensaje notable, firmado X, en una forma que le era personal.

El texto del mensaje era claro, pero la firma me desorientaba.

Al día siguiente mostré a una amiga lo que había sido escrito de aquella manera, preguntándole si sabía quién era X.

—¡Cómo! —dijo ella—. Pues no sabe usted que ese es el nombre habitual dado a Mr. X.

Yo no lo sabía.

Ahora bien, Mr. X... se encontraba a 6.000 millas de París y, como nosotros lo suponíamos, aún entre los vivos. Pero, uno o dos días después, una carta de América me anunciaba que Mr. X había muerto en el Oeste de Estados Unidos algunos días antes de que yo hubiese recibido en París el mensaje automático de que hablo.

Hasta donde mi certidumbre puede llegar, yo era la primera persona que sabía la muerte acaecida y pasé inmediatamente a casa de mi amiga, para anunciarle que X había cesado de vivir.

Me pareció que ella no se sorprendía en absoluto y me dijo que había tenido la certidumbre del suceso algunos días antes, cuando le mostré la carta de X, aun cuando no había querido decírmelo.

Yo estaba, naturalmente, impresionada, por incidente tan extraño.

•••

El señor X siguió escribiendo cartas por ministerio de Mrs. Burker, y el conjunto de estas epístolas de ultratumba formará el libro.

Pero no se trata precisamente del caso en cuestión, y a lo que yo quiero referirme con especialidad en estas notas es a una entrevista que el difunto Mr. X tuvo... con el diablo en persona y que relata con todos sus puntos y comas por medio de la mano solícita de Elsa Burker.

Mr. X, que ya había encontrado en sus peregrinaciones de muerto a «Aquella Alma Torturada», la encontró de nuevo a la sazón que erraba entre las líneas alemanas.

La silueta del diablo era majestuosa (menos mal). Su cabeza estaba velada.

Mr. X... le saludó sin esperar a que el diablo le saludara, y empezó el diálogo del cual voy a traducir algunos fragmentos:

—Progresa vuestro trabajo? —preguntó míster X...

—Mi trabajo va así así —respondió el diablo—. ¿Y vos, qué habéis hecho?

—Acabo de escribir una carta a la gente de este planeta.

—¿Habéis escrito acerca de la paz? —preguntó riendo.

—No, esta vez no: he descrito una de mis reciente conversaciones con una grande alma en pena (se refiere a una carta anterior sobre el diablo).

—Sí, ya lo sé.

—¿Lo sabíais? Entonces, ¿escuchabais?...

—Sí, a través de mi teléfono de larga distancia.

—Qué brillante invención la del teléfono —observó Mr. X...

—¿La inspiró usted acaso?

—No, yo no. Trabajé en contra de ella.

—¿Por qué?

—No conviene que el hombre sepa demasiado».

Como ustedes saben, M. Anatole France, que tiene del diablo mejor concepto que Mr. X, pretende que allá en los albores de la humanidad, Satanás sugirió al hombre ciertas invenciones preciosas. Al verle tan inerme y desvalido en la tierra ingrata, tuvo piedad de él.

En cambio, el diablo de Mr. X, como los tiranuelos más o menos avisados, no quiere que el hombre sepa demasiadas cosas (él, que vuelto serpiente prometió a nuestra simpática madre Eva la ciencia del bien y del mal!).

No se conduciría más retrógradamente un déspota ruso, una Catalina II, por ejemplo, que aconsejaba a su hijo Pablo: «El pueblo no debe tener una opinión diferente de la de su Gobierno. No dejes, pues, entrar más luz que la estrictamente necesaria. Una instrucción demasiado extendida será tan perjudicial para tu pueblo como para ti mismo; porque una civilización anticipada sería tan contraria al interés del pueblo como al del Poder, según tan perfectamente lo ha demostrado el filósofo de Ginebra, contemporáneo de mi siglo, en una excelente obra en la cual prueba con gran fuerza de lógica que el progreso y la instrucción son nocivos al pueblo».

¿Habrá inspirado, pues, el diablo a Rousseau, a Catalina II, a la Inquisición, a Fernando VII y a los carlistas? Me atrevo a asegurar que ésta es una calumnia: la primera calumnia contra el diablo.

Pero vamos a la segunda.

Según Mr. X, al diablo no le gusta que el hombre sepa demasiado, y por eso se opuso a la invención del teléfono (que San Miguel debió patrocinar); pero con una falta de lógica poco demoníaca, suscitó, en cambio, para enredar el mundo y pasarlo a sangre y fuego, a un gran filósofo, a Nietzsche, inspirándole sus libros. Pretendía de esta manera el diablo enloquecer al pueblo alemán para lanzarlo contra Europa.

Oigamos el diálogo:

«—Sí —afirmó el diablo—, yo inspiré a Nietzsche.

—¡Qué bien habéis trabajado! —exclamó Mr. X.

—He hecho mi trabajo de la mejor manera posible.

...

—¿Y cómo penetrasteis en Nietzsche?

—Ya por un camino, ya por otro. El solo al hombre cerró su puerta; pero ya lo veis, yo soy también un superhombre.

...

—Sí, soy yo quien inspiró a Nietzsche cuando predicaba él a los alemanes su doctrina del superhombre, porque para ser ellos capaces de elegir el mal, debían saber que estaban en la plenitud de su fuerza.

—¿Y qué provecho vais a sacar de todo eso? Por toda respuesta el diablo preguntó a Mr. X:

—¿Habéis jugado alguna vez al ajedrez?

—Frecuentemente, en mis vidas anteriores —respondió Mr. X.

—¿Os ha interesado ese juego?

—Mucho.

—Jugabais por dinero?

—No.

—Entonces, ¿qué era lo que os interesaba?

—¡Toma!, el juego sencillamente.

—Pues yo también gozo con el juego. Juego para ganar, si es posible, y si no gano, tengo siempre el placer de jugar».

•••

De donde se deduce, amigos míos, que el diablo inspiró a Nietzsche para que el gran filósofo enloqueciese al pueblo alemán a fin de que el pueblo alemán se lanzase contra Europa.

¿Y con qué objeto hizo esto el diablo?

Un católico respondería:

—Para perder la mayor cantidad de almas posible.

O:

—Para castigar con permiso de Dios (naturalmente) los pecados del mundo, pues ya sabemos que para ello acontecen las mayores catástrofes...

Pero Mr. X no se anda por las ramas y atribuye al diablo un elegante aburrimiento, un tedio aristócrata, generador de la guerra.

El diablo desencadenó sobre el mundo todas las plagas sin objeto ninguno, simplemente porque aquello le divertía...

¿No opináis conmigo que esto es calumniar al diablo?

Baudelaire, en sus Letanías de Satán, es parcial en favor de éste: afirma que es el más sabio y más bello de los ángeles; que cura las angustias del hombre; que hasta a los leprosos y los parias enseña, con el amor, el gusto del paraíso; que es el padre de la esperanza, engendrada por él en la muerte; que esconde los precipicios al sonámbulo errante y mágicamente ablanda los viejos huesos del borracho trasnochador a quien atropellan los coches; que nos enseñó a mezclar el azufre y el salitre, o como si dijéramos, sugirió la invención de la pólvora, etc., etc., etc.

Anatole France, por su parte, más ponderado, atribuye simplemente a Satanás ciertos favores hechos a los hombres primitivos en sus luchas contra la naturaleza, según hemos dicho.

Mr. X, en cambio, a pesar de estar ya muerto, se permite una parcialidad muy poco de ultratumba para con Satanás.

Supongamos que el impulso maravilloso de caridad, de heroísmo, de sacrificio, que se ha posesionado de tantas almas merced a la guerra, refinase y afinase el barro humano.

Supongamos que los inventos merced a la guerra nacidos, redimieren más tarde a buena parte de las clases trabajadoras. Supongamos que el gran conflicto resolviese de plano enormes problemas sociales y con su soplo revolucionario vivificase al mundo, y ya tenemos ahí al diablo, a todo un señor diablo, burlado, porque no le divertiría mucho tanto bien.

¿Sonreís?

Tenéis razón: íbamos poniéndonos senos y aquí no cabe más que la sonrisa.

La guerra perturba de tal suerte las imaginaciones, que hasta el Satanás de la Edad Media resucita. ¿Y quién lo revive? Un yanqui de la «Gran República».

Las guerras no necesitan ni de Nietzsche ni de diablos que los inspiren para producirse. El mundo jamás ha vivido en paz, y todas las luchas han sido desastrosas.

Las calamidades de ésta hállanse subordinadas a la grandeza de lo edificado y a la multiplicación de la especie; pero tan mortíferas como los proyectiles de ahora eran, en proporción a los ejércitos antiguos, las flechas de los griegos, «que nublaban el cielo».

Ningún hombre del planeta ha vivido sesenta años sin ver y sufrir, directamente o de rechazo, los horrores de una guerra, y cuando se piensa en que si somos civilizados, si los egipcios aprendieron de los asirios, medos y persas, y los griegos de los egipcios, y los romanos de los griegos, y Europa entera de los romanos, lo que sabemos fue merced a las guerras y a las conquistas; debemos ver con otros ojos ese misterioso y terrible procedimiento de evolución que se llama la lucha armada.

El propio Cristo nos dijo que él venía a traer la guerra al mundo... y vaya si la trajo. Dijo también que solo los violentos anhelaban el Reino de los Cielos...

Nuestra propia vida orgánica es una guerra incesante.

La fagocitosis no tiene poetas épicos para cantarla; pero son muchos miles de millones de células las que mueren diariamente para que nosotros vivamos...

Cada instante de nuestra existencia es una victoria mayor que la del Marne o la de Verdún, y el Universo entero nace a cada momento de los choques y las conflagraciones.

Militia est vita homniis super terram (Job. VII-1).

Santo Tomás definió a Dios como un acto puro, y el Fausto de Goethe escribió corrigiendo el versículo de San Juan: «Al principio era la Acción». ¿Y qué es la Acción sin el choque perpetuo entre, sobre y contra las posibilidades del Universo?

No calumniemos, pues, al diablo ni a Nietzsche y tengamos fe en la majestad de las catástrofes definitivas.

El hombre nuevo

Un parisiense rico fue a las trincheras, como tantos parisienses y aun ingleses de las primeras familias (porque el mundo ha visto en la actualidad, entre la truculencia de las tragedias, el espectáculo reconfortante de la igualdad fraternal ante el peligro y ante el dolor).

Este hombre rico, refinado, hecho a catar las salsas más exquisitas de la vida, vivió, por circunstancias especiales, cerca de dos años en las trincheras: primero, entre moscas, ratas y otras miserias; después (cuando aquello fue organizándose mejor), con más limpieza; pero siempre, claro, con la más perfecta incomodidad que en sus pesadillas haya podido soñar un sibarita.

Por fin un día pudo disfrutar de la licencia merecida; diósele nada menos que un mes para visitar a su familia, que había estado ausente de París y que volvía por aquel entonces a la gran capital.

Su familia, encantada, decidió colmarle de agasajos; previno para él todo género de gourmandises y refinó el confort material de que pensaba rodearle.

Pero, con gran sorpresa de sus deudos, el hombre de las trincheras, durante su permanencia en el hogar, rehusó virilmente, con decisión inquebrantable, todo género de molicie.

Su familia, espantada, viole dormir sobre las tablas de un viejo catre; viole comer lo más sencillo del menú; viole retirarse de la chimenea, encendida prematuramente ante las destemplanzas de un otoño más que fresco.

No quería nada de eso. Sentíase perfectamente sin nada de eso.

Las trincheras lo habían reeducado; lo habían devuelto a la verdad de la vida, a la austera simplicidad de la vida.

Todo le parecía bien. Nunca se creía mal servido. Tenía una indulgencia inagotable para las faltas y yerros de la servidumbre. Una ecuanimidad perfecta, hecha de renunciación y de desdén por muchos «bienes» materiales, ponía en sus ojos serenidades claras y atrayentes.

Era, en fin, otro hombre; el hombre de verdad, de sinceridad, de fuerza que se había forjado, en menos de dos años, en el yunque de la intemperie, del peligro constante, de la ausencia de regalo; el «genio de la especie», atento siempre a acrisolar y aquilatar los valores morales, que son los que más le importan, y a fortificar al propio tiempo las energías físicas: la consistencia del «Vaso» que ha de contener el nuevo «vino».

—¿Y tu reuma? —le preguntó mimosa su mujer en cuanto le hubo propinado la ración de abrazos y de besos consiguiente a la angustiosa y larga ausencia.

—¡Quién se acuerda de eso!

—¿Te sirvió la ropa interior que te envié?

—No me la puse jamás. La regalé a un compañero para sus hijos...

—Pero ¿y la humedad, y el frío, y?...

—Estoy perfectamente. Los primeros días tuve un recrudecimiento que me desalentó un poco. Mi cuerpo, sorprendido, protestaba con todas sus fuerzas... Pero a poco vino la adaptación y estoy curado, me siento absolutamente curado. Tengo en mis articulaciones, en mis músculos la agilidad de los veinte años. Sé que no he de volver a enfermar. Estoy seguro de ello.

Nuestro hombre de las trincheras se acostaba temprano (¡él, el viejo *couche-tard* de antaño, que encontraba absurdo y ridículo recogerse antes de la una!); dormía con las ventanas abiertas, poca ropa y una almohada dura; se levantaba con la luz, íbase al jardín, arreglaba las plantas...

Pensaba con naturalidad tranquila en la vuelta al frente. No mostró jamás la menor sombra de inquietud; veía como de soslayo todas las cosas de la vida...

Cuando hubo partido, los suyos comprendieron que en aquel ser se había operado un milagro, un milagro de los mayores, de los más estupendos: el milagro de la «renovación» plena.

El «hombre viejo» de que habla el Evangelio había muerto en él definitivamente y había surgido el «hombre nuevo».

La vida o la muerte eran ya accidentales en aquel ser. Lo esencial estaba logrado.

Pero el milagro no era singular: era el milagro de toda una raza, era el milagro de Francia. Y si queremos generalizar, por encima de las fronteras: era el milagro del mundo...

Los hombres se transformaban así. Ellos creían que luchaban por determinados objetivos, y en realidad estaban luchando por otra cosa; estaban luchando por renovar la «especie», por depurar la «especie».

Así como en el amor se va tras de una finalidad inmediata, que es el goce, así en esta guerra la ambición había servido de cebo a unos para atacar a los otros. Pero, en realidad, el martillo estaba listo; el divino martillo de las transformaciones, y era preciso que el metal (el hombre) se encendiese al rojo blanco para trabajarlo.

•••

Pero, dejando aparte ese ideal, que incansable persigue a través de tanta sangre una «fuerza» que ni siquiera deberíamos nombrar, porque está más allá de toda denominación, no cabe duda de que, lente de la fisiología, esta vida de las trincheras es eminentemente renovadora. Muchos hombres de París, y aun de Londres, fueron restituidos, brutalmente, si cabe el adjetivo, a la olvidada convivencia con la naturaleza, y la naturaleza apresuróse a devolverles lo que la «civitas» tentacular les había arrebatado.

¿Os acordáis de cierta anécdota de los millonarios de la Quinta Avenida que anda por esas bocas? Pues éranse que se eran diez millonarios, que, incitados por uno, con sus respectivas familias, a hacer una gran excursión en su yate de recreo, echáronse a navegar por esos océanos de Dios, en aquel palacio flotante en que había almacenados los mejores vinos y en que un cocinero, doctor en guisos, meditaba hondamente los diarios menús.

Había en el yate un salón de conciertos con un maravilloso *eolian*, que ponía carne de gallina de solo oír sus coros invisibles, sugiriendo visiones de catedrales góticas, de vitrales misteriosos, rojos, amarillos y morados, y de pompas litúrgicas envueltas en incienso.

Cada camarote era un nido muelle de incomparable suavidad. Sobre cubierta podía jugarse a innumerables juegos. Los convidados de míster Brown vivían una vida de perfecto placer, aun cuando sus paladares estragados no supiesen ya aquilatada.

Mas he aquí que un ciclón sorprendió al yate... Dejo a vuestra imaginación que os reproduzca el grandioso horror de la escena. El color del mar revuelto, la violencia del barco sacudido por el oleaje...

•••

Pocas horas después, una gran lancha, donde deprisa habíanse acumulado vituallas y donde se apiñaban los náufragos, flotaba dulcemente sobre las ondas apaciguadas, bajo la tímida Luna...

Del yate no quedaba sino aquella lancha, errante en la inmensidad de la noche sobre el elemento móvil y pantagruélico, en cuyo fondo duermen tantos y tantos miles de naves.

Más de un mes, oídlo bien, más de un mes, aquellos sibaritas vivieron en la aspereza de una jamás vista incomodidad, racionados de una manera atroz, con un poco de galleta y otro poco de agua...

Cuando los hubo recogido un vapor y los llevó al más cercano puerto de la Unión, no había entre los náufragos uno solo que mostrase la menor huella de *embonpoint*... Todos, esbeltos, delgados, un poco pálidos, tenían no sé qué distinción, en vano antes buscada por muchos.

Y aquí entra lo gordo: míster Huxley, que tenía una dispepsia crónica, estaba curado; mistress Reynolds no padecía ya sus insoportables jaquecas; míster Robertson, cuya laringitis había producido a los especialistas muy substanciosos fajos de billetes, hubiera podido dar el do de pecho; mistress Baird, que se pasaba la vida tomando laxantes, desempeñaba ahora con la mayor facilidad esa humilde función natural, sin la cual no hay, según d'Alambert, dicha posible en este mundo...

El mar restituía a la Quinta Avenida una porción de su dorada humanidad, absolutamente renovada por la dieta, el oxígeno, el Sol, el yodo...

•••

¿Es cierto, pues, que debemos volver a la naturaleza, como nos predican muchos hombres de buena voluntad? ¿Tanto y tanto nos hemos apartado de ella? ¡Qué duda cabe!

Para formarse una idea de este alejamiento fatal, causa tal vez de todas nuestras tristezas, de todas nuestras melancolías, de todos nuestros achaques y aun de toda nuestra incomprensión de la vida, sépase una sola cosa: ¡ya no sabemos ni respirar!

«Respirar es vivir», se ha dicho siempre; de donde se deduce que no sabemos ya vivir, no solo en el sentido moral, en el sentido espiritual, sino en el sentido físico.

El instruido maestro duerme en no sé qué honduras del hombre, y es fuerza a veces observar a los animales para que nos repitan la sabia lección olvidada...

«La respiración —dice Ramacharaka (*Ciencia de la respiración*, Buenos Aires, librería La Facultad, de Juan Roldán)— puede considerarse como la más importante de las funciones del cuerpo, ya que de ella dependen indudablemente todas las otras. El hombre puede vivir algún tiempo sin comer; menos sin beber; pero sin respirar, su existencia continúa solo muy pocos minutos.

«No solamente el hombre depende de la respiración para vivir, sino que también, y en gran parte, de los hábitos correctos de respirar, que son los que han de dar vitalidad perfecta de inmunidad contra las enfermedades. Un dominio inteligente de la función de respirar prolonga nuestros días sobre la tierra, dándonos mayor suma de resistencia mientras que una respiración descuidada tiende a disminuir nuestros días, hace decrecer nuestra vitalidad y nos coloca en condiciones favorables para ser presa de las enfermedades.

«El hombre, en su estado natural, no tuvo necesidad de que le suministrasen instrucciones para respirar, y de la misma manera que el animal inferior y el niño, respiraba debidamente, según los designios de la naturaleza; pero en eso también ha sufrido la influencia modificadora de la civilización.

Ha contraído costumbres y aptitudes perniciosas en el caminar, pararse y sentarse, que le han despojado del derecho primitivo de una respiración correcta y natural. Ha pagado un precio muy elevado por la civilización. En la actualidad el salvaje respira naturalmente, a no ser que haya sido contaminado con las costumbres del hombre civilizado.

•••

«El aparato respiratorio del hombre está constituido de tal manera que puede respirar tanto por la boca como por los tubos nasales; pero la cuestión de vital importancia es el método que se siga, pues de él dependerá la salud y fuerza o la enfermedad y debilidad.

«No debería ser necesario decir al estudiante que el método normal de respirar es el tomar el aire a través de las fosas nasales; pero ¡ah! la ignorancia de este simple hecho entre los pueblos civilizados es sorprendente. Encontramos personas de toda condición social que respiran habitualmente por la boca y dejan a sus hijos seguir su horrible y repugnante ejemplo.

«Muchas de las enfermedades a las cuales está sujeto el hombre civilizado, son, indudablemente, causadas por el hábito común de respiración bucal. Los niños a quienes se permite respirar de esa manera crecen con su vitalidad alterada, su constitución debilitada, y en temprana edad quedan inválidos para toda la vida. Entre los salvajes las madres proceden más naturalmente en este asunto, porque evidentemente son guiadas por el instinto».

•••

Pero si no sabemos respirar, como se ve por los anteriores párrafos citados..., tampoco sabemos comer. Comemos demasiado deprisa, sin masticar, como si el estómago tuviera dientes.

Yo me estremezco de horror cada vez que en alguna casa elegante de Madrid se me hace la poco apetecible honra de convidarme a almorzar o a comer.

El almuerzo en algunas de estas casas dura media hora. Hay que engullir con una habilidad consumada los cuatro o cinco platos de que se componen esos treinta minutos, a la vez que se conversa.

Solo para el café se concede como gracia especial un poco de respiro cuando se toma en el hall.

¡Ay del osado que pretenda masticar las viandas! El implacable criado está detrás aguardando a que termine para poner el nuevo cubierto. Dislocaría todo el programa de la tarde o de la noche a la estimable snob ama de la casa, si retardase dos minutos aquel engullir...

Claro que queda el recurso de no comer, de probar apenas los platos, y es el que ejercita este servidor de ustedes, sin gran sacrificio porque vive a régimen.

Pero los que tienen buen apetito y mal estómago...

Por cuanto a las cosas que comemos, también andamos lejos de la naturaleza.

Ese perpetuo devorar de cadáveres, los unos mal cocidos, los otros en plena putrefacción, ha traído la tristeza al festín de la vida.

La tristeza mana casi siempre de la carne, y cuando se ha dicho que la «carne es triste», acaso no se ha querido hablar solo de la mujer, que es en suma, la menos triste de las carnes...

•••

«Volvamos a lo antiguo», decía, ya viejo, el maestro Verdi a los músicos, indigestos de wagnerianismo; y los grandes sabios dicen a la humanidad: volvamos a lo primitivo, volvamos al regazo de la naturaleza...

Se diría que un designio misterioso hizo que se inventara, por ejemplo, el motor explosivo y con él el maravilloso automóvil y después el aeroplano, para que tantos hombres que durante siglos han venido urbanizándose, fuesen restituidos al campo, al Sol, al aire...

Y la guerra, por su parte, al reformar y reconstruir todas las cosas con procedimientos impensados y al parecer brutales, quién sabe si cumple, entre tantos otros grandes designios, el de vincular de nuevo la vida de los hombres a la tierra benéfica, a los elementos esenciales. Una comunión admirable se establece entre el soldado de las trincheras y la naturaleza. Hay, por ejemplo, muchos soldados astrónomos, que jamás en París habían comprendido la majestad de una noche estrellada y que ahora, como los pastores caldeas, cuentan los diamantes temblorosos de constelaciones. En el *Bulletin de la Société Astronomique de France,* que dirige el gran Flammarion, aparecen con frecuencia observaciones pacientes y atinadas de los hombres de las trincheras.

En París mismo, gracias a la oscuridad, ya se pueden contemplar los astros, en esos inmensos y monumentales espacios abiertos de sus plazas... París ha sido vuelto a acariciar por las estrellas, como en las lejanas noches en que Santa Genoveva velaba por él, según el lienzo admirable del Pantheon.

La naturaleza divina y el hombre atormentado, a través de la catástrofe empolladora de prodigios, se tienden de nuevo los brazos, y el eco de su beso magnífico se escucha a pesar de las ametralladoras y de los cañones...

Este beso ha de engendrar al nuevo ser que imprimirá un prodigioso rumbo a los destinos del planeta.

Dos años...

Hace dos años, en los últimos días de julio, cuando la inconcebible catástrofe era ya inminente, un temor mudo, un sobrecogimiento «augusto» (esta es la palabra) sacudió el corazón de la humanidad...

En este sobrecogimiento, en este temor, había implícita una idea: la de que la guerra era algo fatal.

Parecíale imposible a los hombres que una catástrofe tamaña pudiese ser causada por un rey, por un emperador, ni aun por un pueblo, así se tratase de un pueblo megalómano, seudoiluminado, y así lo empujasen las camarillas militares de dos imperios.

El instinto de la humanidad era seguro, como todos los instintos; la idea «colectiva» del «fátum» era cierta, como todas las ideas colectivas.

En efecto, una tan tremenda conflagración no podía ser originada por los hombres.

El mal era sobrado inmenso para provenir de la triste mediocridad humana.

¿Por quién, por quiénes era, pues, «mandada», determinada la estupenda catástrofe?

¿Por los dioses?

¿Debemos, por ventura, considerarla con el criterio de un trágico griego, de un Esquilo, de un Sófocles, de un Eurípides?

¡Ah! Bueno es advertir que el alma humana tiene el don de poner en el encadenamiento de las causas y de los efectos un poquito de imprevisto.

Es ésta la característica de nuestra voluntad.

El «siervo arbitrio» pudiera ser un siervo relativo, capaz, dentro de los lineamientos generales del universo, dentro de la inmutable arquitectura de las leyes eternas, de una iniciativa, no por subordinada despreciable.

Cabe pensar que la nave del mundo debe ir necesariamente de un punto a otro; pero es libre su trayectoria, es independiente su itinerario. Podrá seguir la línea recta. Podrá trazar innumerables curvas y éstas la aproximarán a grupos de sucesos en marcha, en los cuales influirá, a los cuales modificará.

Si aplicamos este criterio a la conflagración actual, concluiremos: Primero, que era inevitable.

Segundo, que los hombres podían condicionarla.

La conclusión de que era inevitable tranquilizará muchos espíritus y evitará muchas lamentaciones. Hará que la conducta más cuerda sea la sublime conducta de los franceses, de los mutilados, de los ciegos, de los empobrecidos, de las viudas, de los huérfanos, de las madres sin hijos, que no se quejan, y no solo que no se quejan, sino que no se desalientan, que están encendidos y animados por un sereno fuego interior...

Era inevitable; por consiguiente, piensa el optimismo sano y viril (no el panglossismo tonto y meloso) debemos considerarla como fuerza forjadora de algo.

Es imposible concebir un cataclismo ciego. Nada en el mundo, ni las erupciones de los volcanes, ni las pestes, ni las inundaciones, es ciego. Todo es incomprensible por el momento. Y es incomprensible por el momento, porque constituye una parte no más de la labor total.

El hombre que en una ciudad no pudiese ver sino el derribo incesante de los edificios de una calle, sin estar informado del designio de los arquitectos, sin conocer los planos de la nueva vía, del nuevo bulevar, creería seguramente que aquella labor demoledora era estúpida.

El hombre cuerdo, en cambio, pensará enseguida que, no poseyendo más que una visión limitada de los hechos, no puede juzgarlos; de la propia suerte que el astrónomo todavía no puede imaginar siquiera la órbita que siguen, por ejemplo, Sirio o Cánepo. Esta órbita es de tal suerte inmensa, que aún no constituye para los más avisados y sutiles cálculos un arco de círculo, por mínimo que se le considere. Parece una línea recta. Los astros caen en el vacío como si siguiesen una línea recta. Pero el astrónomo sabe que es imposible esta línea recta y comprende perfectamente que solo la enormidad de las distancias y la mole de los orbes, en lo breve de nuestro tiempo, pueden sugerir tal ilusión.

De la propia suerte, el aspecto de las grandes catástrofes es el aspecto del fátum ciego, porque nos es imposible seguir su trayectoria desde sus primeros orígenes hasta el instante en que se producen, y nuestra vida resulta demasiado corta y nuestro punto de vista demasiado rastrero para abarcar el camino que han de seguir después; mas para una inteligencia superior a la nuestra, todo ello sería de una límpida y deslumbradora lógica. Conocida es a este respecto la frase de Kant: «Si fuese posible penetrar profundamente en la manera de pensar de cada hombre y si los menores resortes y circunstancias que influyen sobre él fuesen conocidos, se podría calcular exactamente el modo de obrar en el porvenir, como se calcula un eclipse de Sol o de Luna».

•••

Decíamos, pues, que la primera conclusión, a saber, inevitabilidad de la catástrofe, debe consolar a un . sano y viril optimismo. Por sobre toda la sangre, por sobre todas las lágrimas, por sobre todas las ruinas, debe erguirse, firme, segura, audaz, una afirmación: ¡De esta gran guerra surgirá un gran bien para la especie!

¡Harto comprendo cómo el corazón, cómo el alma lacerada, se resisten a tamaño acto de fe! ¡Harto comprendo cómo han de sangrar las entrañas antes de formularlo!; pero es preciso que se formule. ¡Hay que tener el sublime valor de formularlo!

¿Qué bien surgirá de la gran guerra, cómo surgirá, cuándo surgirá?

El filósofo no puede responder a estas preguntas y el alma más lúcida no puede descentrarse, alejarse por medio de una poderosa abstracción lo suficiente de sucesos actuales, para verlos desde el punto de vista de Sirio, tan grato a Renán; pero es fuerza creer y afirmar que desde este punto se ven la esplendorosa lógica de los sucesos y su radiante y nobilísima finalidad.

El espíritu que trabaja y lucha en nosotros, si consentimos en oírlo, en los momentos solemnes y silenciosos de la meditación sincera, nos murmura allá en lo más recóndito de la conciencia: Haz crédito a Dios; resuélvete a hacer crédito a la firma de Dios, que resplandece así en el rayo cuando rubrica las nubes, como en el hilo de agua que resbala por los declives floridos...

Haz crédito a Dios y no serás confundido.

¡Dios no burla jamás la fe de los fuertes!

¡El destino siempre se justifica en la conciencia de los hombres de buena voluntad! Cuando tu juicio quiera oscurecerse por la pasión, ¡aguarda! Ten la paciencia de aguardar.

Pide sinceramente, amorosamente, cuentas a Dios de las antinomias de la tierra, de las contradicciones de los hechos, de la aparente crueldad de las cosas. Pídele, ¡oh mortal! estas cuentas sin miedo, con fe resuelta y tranquila, y Dios en lo íntimo de ti mismo se explicará, se sincerará, se justificará.

Dios nunca confunde nuestra razón. Si hay cosas incomprensibles para la razón naciente de hoy, no las habrá para la razón adulta de mañana.

¿No habéis visto cómo la propia vida explica y resuelve los problemas oscuros y al parecer insolubles que ha planteado?

La madurez conoce el secreto de la juventud.

La ancianidad despeja muchas incógnitas de la madurez...

La razón del hombre es la propia razón del universo; pero, como el universo mismo, está *in fieri*, está haciéndose constantemente.

¿Podríamos, por ventura, haber sabido del diplodoco las razones de ciertos cataclismos primordiales?

Era preciso que surgiese en el andar de los milenarios la inteligencia humana y se metodizase y las ciencias fuesen creadas, para hacer con fruto nuestra inquieta pregunta, dado que sin inteligencia hubiésemos podido siquiera formularla...

Todo en el universo tiene o tendrá una explicación satisfactoria para nuestra razón, que no puede ser ofuscada por Dios que la hizo.

Y cuanto más inteligente vaya siendo la especie, esta explicación se hará esperar menos.

Para una raza tan sagaz como la francesa, esta explicación llegará casi a renglón seguido del final de la catástrofe.

•••

Vengamos a la segunda conclusión: Los hombres podían no causar, pero sí «condicionar» esta catástrofe. La condicionaron, pues. De allí las incalculables responsabilidades en que han incurrido.

Solo a un soberano, a varios soberanos, podía caber, dentro de los regímenes actuales, tan espantoso privilegio. Solo un emperador tenía el poder de vibrar en su diestra el rayo y fulminarlo sobre el mundo.

El gigantesco polvorín estaba bien repleto; pero solo una mano imperial podía establecer el contacto eléctrico...

¡Y lo estableció!

Un rey sabio, filósofo, «espiritual», hubiese muerto cien veces antes que establecer este contacto. Hubiese hecho añicos su corona y firmado resueltamente su abdicación antes que la declaración de guerra.

Pero los emperadores no suelen ser ni filósofos ni varones espirituales. Si lo fuesen no serían, quizás, emperadores. (Pienso en la excepción de las excepciones: en Marco Aurelio.)

Hubo, pues, un hombre que, cuando su país —después de cuarenta y cinco años de preparación— estaba listo, dijo la espantosa palabra: «¡Sea!».

Juzgaremos a este hombre?

Dios nos libre. La causa es demasiado grande para que nadie pueda fallar en ella. Dejemos que falle la vida. Si ese hombre creyó, sinceramente, que debía establecer el contacto que prendería fuego al planeta, allá él; si estableció este contacto obligado, acorralado por un rival implacable, ¡allá él! La conciencia tiene demasiadas sanciones para que necesitemos nosotros aguijoneada.

¡Aguardemos el final de la tragedia!

Pero, lo repito, aguardémoslo con una inquebrantable fe en los radiantes destinos humanos.

Que, a imitación de esa Francia admirable, no surja de nuestros labios ni la menor queja.

En este conflicto inmenso, todos los hombres conscientes tenemos el honor de ser víctimas. Todos, ricos y pobres, jóvenes, maduros y viejos, perdemos algo: todos, por lo tanto, participaremos de la ganancia futura.

Dios, Midas divino, que trasmuta en oro puro lo que toca con la invisible mano de sus designios, nos mostrará pronto el oro que saldrá de tanta escoria.

Ese oro se derramará como una bendición fulgente por el planeta atormentado...

Hagamos, pues, honor a la firma de Dios, y esperemos con una temblorosa, pero confiada expectación, llena de amor y de respeto augusto, a que se abra la flor misteriosa de los destinos...

Los muertos

En nombre de un ideal se ha pedido a los hombres que mueran y ninguno ha vacilado en dar su vida.

A los defensores de Verdún se les ha llamado «los voluntarios de la muerte».

El padre ha ofrecido a sus hijos, la esposa al esposo, la hermana al hermano.

Pero a medida que, segados por «la mujer de la hoz», van cayendo en los removidos campos del frente racimos de vidas lozanas; a medida que el tiempo transcurre, mientras la catástrofe que se eterniza, parece ser «la pesadilla sin fin», de que hablaba Galdós, una pregunta conmovedora, tierna, temblona, asoma en todos los labios: «¿Hemos perdido para siempre a nuestros muertos? —interrogan las esposas viudas, las madres dolientes, los padres solitarios—. ¿Volveremos a ver a nuestros muertos?».

Interrogación formidable a la que el mundo aún no puede responder...

Y en Francia, y en Inglaterra, no hay revista seria que no dedique a menudo páginas verdaderamente inquietantes a estas almas huérfanas y angustiadas, procurando contestar a su pregunta intensa.

Veamos, por ejemplo, *The Nineteenth Century And After.* Esta gran revista en todos sus números consagra capítulos interesantísimos a la cuestión suprema.

Los doctores en «ultratumberías» (que dijo Unamuno) intentan resolver la ecuación eterna con datos más o menos luminosos.

Uno de ellos, J. Arthur Hill, dice: «En los terribles tiempos actuales en que la guerra lleva el luto por dondequiera, la cuestión de la posibilidad de la supervivencia individual tras la muerte del cuerpo, se agudiza como nunca. Millares —digamos millones— de gentes preguntan sin cesar si esa valiente juventud, que ha hecho o hará el sacrificio de su vida, sobrevivirá al gran cambio.

»Los instructores religiosos, aunque bien intencionados y con anhelo de ayudar, en su mayor parte, no logran impartir auxilio alguno: nosotros —dicen— solo tenemos nuestra fe; no podemos "saber". "En la casa de nuestro padre hay muchas moradas", *et sic de caeteris.*

»Todo ello está muy bien, pero es demasiado vago para confortarnos. La desolación quiere saber si este conocimiento es posible».

Otro escritor, Herbert Stephen, dice: «Una de las necesarias consecuencias de la tremenda y creciente guerra, en que un gran número de hombres que se encuentran en la segunda, tercera o cuarta década de la vida, mueren diariamente, muchos de ellos en plena fuerza y vitalidad, es la tendencia, ya normal en algunas gentes, de consultar y creer a los adivinos, a los videntes que miran en las esferas de cristal (*cristal-gazers*), a los que hacen mover las mesas, a los mediums en trance o automáticos; tendencia que se ha desarrollado y ha sido estimulada enormemente».

Por su parte, el hondo y sugestivo H. F. Wyath escribe: «Imaginemos, por ejemplo (ya que para muchos esta idea no podría ser concebida de otra manera), que, merced a alguna adaptación de las ondas de Marconi a vibraciones del éter más sutiles que las hasta aquí descubiertas, nosotros, los crudos materialistas modernos, con nuestra insensibilidad medio salvaje para comprender las ideas espirituales, de pronto nos encontramos en plena comunicación con aquellos a quienes ya no podríamos llamar "los muertos…". ¡Cómo se transfiguraría el significado de toda la tierra y de todas las cuestiones terrestres!… Los problemas de la civilización irían transformándose; la verdadera naturaleza del hombre se modificaría rápidamente. El fin principal de la vida no sería ya la ganancia material, sino la salud espiritual. Al maestro que enseñase ésta, se le estimaría más que al médico. El bien del cuerpo estaría subordinado al bien del alma. Los pobres serían consolados en su pobreza. Los ricos mirarían su opulencia como un depósito confiado solo para nobles usos».

•••

Uno de los signos de este revivir de la conciencia espiritual en Inglaterra, es el éxito del último libro de sir Oliver Lodge, el gran sabio.

Intitúlase este libro *Raymond or Life and Death*, y ha sido inspirado por la muerte de Raimundo Lodge, el hijo de sir Oliver, que en plena juventud cayó recientemente en la guerra, y que —según su padre— no ha entrado en el silencio de la muerte. Su amor filial encontró la rendija misteriosa, el hilo mágico, el transmisor y el receptor necesarios para decir al viejo dolorido palabras de consuelo y de paz…

No olvidemos que sir Oliver Lodge pertenece a la única sociedad que existe en el mundo, científicamente organizada, para arrancar su secreto a la esfinge. Me refiero a *The Society for Psychical Research*, que lleva ya publicados más de cuarenta volúmenes de «hechos», de puros «hechos», todos comprobados.

El libro de sir Oliver envuelve tres proposiciones: Primera: que los que han muerto continúan viviendo «individualmente».

Segunda: que los que han muerto siguen interesándose por las personas y por la suerte de sus amigos ausentes.

Tercera: que los que han muerto ansían que se realicen las condiciones idóneas y necesarias para comunicar con nosotros.

Si sir Oliver Lodge prueba estas tres proposiciones, tocará decirlo a cada uno de los lectores de *Raymond or Life and Death*. Yo solo señalo la aparición de este libro como un síntoma, como un signo más de la angustia interrogativa de la Europa verdaderamente culta, que quiere rasgar, nerviosa, el velo de Isis, para saber si en este mar de sangre no podrá flotar la barca azul de una esperanza... para inquirir si es definitiva e irrevocable la ausencia de sus muertos!

•••

¡Cuánto se ha hablado del silencio impenetrable, inexorable, de la esfinge!

Y a el gran Malherbe, en aquellos versos, llenos de austeridad y de melancolía, que todos conocemos, exclamaba:

> La mort a des rigueurs a nulle autre pareilles,
> On a beau la prier,
> La cruelle qu'elle est se bouche les oreilles
> Et nous laisse crier.

Pero, ¿es cierto que la muerte se tapa los oídos? ¿Es cierto que despiadadamente nos deja gritar? ¿Es cierto lo de la impenetrabilidad de la esfinge?

¿No sucederá simplemente que no hemos encontrado aún el «receptor» indispensable para que las almas amantes y ansiosas que se agrupan del otro lado del muro negro nos puedan decir lo que continuamente quieren decirnos?

El delicadísimo Juan Maragall, en una página llena de emoción que consagra a los muertos, dice:

»El (el muerto) está ahora tras esa oscuridad que nos rodea, que rodea nuestra claridad, que es el muro invisible de nuestra claridad, y que nos filtra sutilmente el espíritu, dejando solo en la claridad la carne muerta.

»Y del otro lado del muro nada nos viene: ni una señal, ni un temblor, ni un suspiro: una inquietud espantosa.

»Sobre este muro la fe pone sus letras de fuego, que dicen: "eternidad", lo cual ya es mucho, ya es todo, si se quiere, si se puede... Pero a veces no se puede, porque esto es solo "el qué", y el hombre está ávido "del cómo" y necesita pasto de éste. Dios le ha dicho: "Serás conmigo o fuera de mí... felicidad o infelicidad eterna". Pero el cuándo y el cómo feliz o infeliz eternamente, Dios no se lo ha dicho todavía: es la nueva luz reservada seguramente al otro lado del muro. Allí nos aguarda. Pero, ¿por qué no nos dicen nada de ello los que ya lo atravesaron? ¿Tan recio es y tan sordo? ¿Tan sutilmente se pasa de aquí a allá, que con una nada nos encontramos del otro lado; tan espeso de allá a acá, que no se nos devuelve ni una señal, ni un temblor, ni un suspiro?

»Y, sin embargo, hermanos nuestros sois los millones que lo habéis pasado; ayer erais como nosotros mismos, y sabéis nuestro afán, que era el vuestro propio. Aquí nos habéis dejado golpeando el muro y queriendo ablandarlo con nuestras lágrimas para sentir algo a través, y nada contestáis. Aunque hayáis sido aquí nuestro amor más fuerte y nosotros el vuestro, nada queréis decirnos. ¿No podéis? ¿Habrá del otro lado el mismo afán que de éste, igualmente doloroso e insatisfecho? Tal vez golpeáis también desesperadamente y nos llamáis a gritos y no podéis haceros oír de nosotros, o tal vez nos oímos y nos hablamos sin llegar a entendernos...»

•••

Cabe pensar, sin embargo, este pensamiento consolador: la muerte, por terrible que sea, por mucho que nos cambie, no nos deshumaniza, no puede deshumanizarnos. Seguimos perteneciendo a la especie. ¿Qué más da que seamos invisibles, si lo hemos sido en realidad siempre, si estamos formados de cosas invisibles?

Y si la muerte, como es evidente, no puede deshumanizarnos, del otro lado del muro habremos de amar, como hemos amado de éste, o quizá más pura y altamente de lo que aquí hemos amado.

Solo que lo que hay de la otra parte del muro puede ser de tal naturaleza, que enajene todas nuestras potencias...

«Lo que el absoluto es —dice Ramakrishna en su evangelio—[2] nadie puede decirlo. El que ha alcanzado el absoluto no puede dar informe alguno de él.»

Y refiere la siguiente parábola, que es una de las más inquietantes y misteriosas que hayan dicho los labios de un hombre:

«Cuatro viajeros descubrieron un lugar cercado por una alta pared, sin abertura en ninguna parte. Muchos deseos tenían de ver lo que había del otro lado. Uno de ellos subió encima de la pared, y al mirar hacia adentro, exclamó con asombro y con alegría: "¡Ah, ah, ah!..." y sin dar ninguna explicación a sus compañeros saltó... Los otros hicieron lo mismo.

»Cualquiera que suba encima de la pared salta hacia adentro y nunca más vuelve a dar noticia de lo que ha hallado...

»Tal es el reino del absoluto. Las grandes almas que han realizado el absoluto no han regresado, porque después de obtener el más alto conocimiento de Brahma, se pierde por completo la sensación del yo».

...Pero todas no son grandes almas.

La infinita mayoría de los que se han muerto, de los que han exclamado con sorpresa y alegría: ¡Ah, ah, ah! son almas pequeñas como las nuestras, aun cuando la vanidad de la vida las haya vestido de pompa. Están, pues, muy cerca de nosotros por su nivel y por su modestia. Conocemos el poder de sus alas... No pueden haber ido muy lejos... Un gran vuelo las cansaría. La atmósfera espiritual que respiren no estará muy rarificada. Sabemos cuáles eran sus amores, sus odios, sus deseos, sus tristezas... La muerte no ha podido cambiar su esencia... ¿Por qué, pues, cuando les hablamos con tanta angustia, con tanta ternura, con tanta insistencia, callan?

---

2   Sociedad Vedanta, Buenos Aires.

¿Por qué todos esos héroes que han caído en el borde de las trincheras no saben cuchichear una palabra de alivio y de esperanza al oído de la madre, de la esposa, de la hija, desconsoladas?

Quizás, amigos míos, porque nosotros, materiales en todo, pedimos a nuestros muertos una manifestación exterior...

Y ellos hablan dentro de nosotros...

¿Habéis intentado, por ventura, con cuidadosa constancia, con perseverante empeño, producir el silencio y la paz en vuestro espíritu, en vuestra imaginación turbulenta?

Si lo habéis hecho con constancia, alguna vez lo habréis logrado, y entonces de las serenas mansiones del alma, de los senos profundos y quietos del espíritu habrá surgido un pensamiento que sentíais era distinto de vuestro propio pensamiento: vuestros muertos os hablan, y habrá en su lenguaje el mismo apasionado amor que os tuvieron en la vida.

En otra ocasión, al ir a realizar determinado acto, una repugnancia súbita, incomprensible, una aprensión repentina, os detuvo y paralizó vuestra voluntad: los muertos queridos en esta vez os salvaban de un peligro inminente con el mismo celo conmovedor de que tantas veces os dieron muestras en la existencia...

¿Sonreís? ¡Ah! Yo sé que los tristes, los que han amado a uno de esos ausentes «definitivos» (que acaso están más que nunca cerca de nosotros, pues que dentro de nosotros están) no han de sonreír. El dolor es el peldaño de la fe, la escalera de la esperanza.

Los que han sufrido mucho aprendieron, además, por virtud de su propio dolor, a enterarse de estas cosas sutiles.

●●●

Un joven escritor hispanoamericano me escribía recientemente refiriéndome cosas extraordinarias que acontecían en su casa.

Los muertos (o cuando menos energías invisibles inteligentes) mostrábanse a él y a su familia en las más diversas y peregrinas formas. Muchos ilustres desaparecidos volvían de la otra ribera y conversaban, por medio de la famosa mesita o de la escritura automática, con él y con varios de los suyos. Me preguntaba mi opinión...

Yo siempre me he resistido a creer que las grandes almas estén a la merced de nuestra curiosidad. No sé si su conciencia sobrevive a ese profundo cambio de la muerte, o se abismará en el absoluto como quiere la filosofía vedanta, o por lo menos se alejará de nosotros.

En el famoso y ya clásico libro de Myers, *The Human Personality*, hay un espíritu que por ministerio de un medium parlante, dice a sus amigos: «Aún me tenéis cerca; pero siento que cada día me alejo más de vosotros...».

Se comprende este alejamiento. El alma humana está de tal suerte hecha para lo mejor, que a ello se adapta enseguida y sufre después horriblemente con los descensos.

Quien ha logrado, por ejemplo, en el mundo ser admitido en un círculo selecto de hombres elevados, ¡con qué repugnancia, con qué asco sufre después las inevitables promiscuidades a que le somete su destino! Pues así de psiquis, si de la hondura del morir salvó la conciencia.

¿Cómo presumirse que quien escapó —¡por fin!— a la obligatoria sociedad de tantos necios, de tantos pedantes, de tantas almas serviles o groseras que se encuentra uno en el camino, vuelve deliberadamente a divertir nuestros ocios por medio de una mesa?

Si no es el subconsciente el autor del fenómeno; si éste no se genera en las regiones oscuras de nuestro yo; si, en efecto, hay almas que acuden a llamamientos tan triviales, ¿no es lógico suponer que sean almas inferiores? De ahí lo vacuo, lo pueril, lo necio de algunas de sus respuestas...

Pero quien en la quietud cristalina de su espíritu, en la soledad religiosa, llama al ausente querido y le pide auxilio y amparo,

> ¡Si escucha bien en la noche,
> si tiene fina la oreja,
> oirá palabras muy hondas
> en medio de las tinieblas!

O como dice el poeta de Francia:

> Les morts parlent; sa voix lontaine nous arrive.
> Elle n'a pas le son de la notre: on dirait,

triste comme un soupir, et doux comme un sécret,
un chant misterieux, qui vient d'une autre rive...

Esta voz es la que ha creído escuchar el noble autor de *Raymond or Life and Death*. Esta voz es la que escuchan siempre los que aman; porque, oídlo bien, la esfinge que desespera al sabio, que cansa al filósofo, que calla hosca y fiera ante la investigación orgullosa, abre siempre sus brazos al amor; para el amor vuelve de terciopelo sus garras; al amor solo permite que lea en sus fríos e insondables ojos el enigma divino de la vida y de la muerte; porque, como dijo Milton, «jamás el amor ha pretendido una cosa en vano»...

La literatura española y la portuguesa. El concepto francés de cada una de ellas

Enrique Gómez Carrillo, respondiendo a una información sobre la literatura española, escribía hace algunos días a Gustave Kahn: «Tengo la convicción melancólica de que no hay en Francia una literatura tan desconocida como la de España, ni un país tan desconocido como España misma. Desde Teófilo Gautier hasta Pierre Louys, y desde Paul de Saint-Victor hasta Mauricio Barrés, nada parece haber cambiado para aquellos que salen de París rumbo a Madrid. Y esto consiste en que nadie atraviesa la frontera con el alma simple del que busca impresiones personales, sino que todos, por el contrario, llevan ya en la memoria el catálogo de las sensaciones que hay que experimentar, de los paisajes que hay que amar, de los espectáculos que hay que admirar. Y en resumidas cuentas, ¿se viaja por España? ¡No!, más bien se hacen peregrinaciones. Hay una fe sentimental y una doctrina pintoresca, contra las cuales nadie quiere rebelarse. Y así vemos a un escritor que en otras materias es siempre independiente, Jean Lorrain, buscar en nuestros días, en una ciudad de trabajo y de comercio, de riqueza y de modernismo, en Barcelona, a la andaluza de oscuro seno con que soñó Musset. Pero, ¡qué digo! otro escritor que se envanece de conocer a España como a su propia patria y el español como su lengua materna, ha publicado recientemente una colección de cuentos en los cuales, queriendo encerrar el alma entera del país de don Quijote, no ha puesto sino jirones incoherentes de un alma fantástica. Me refiero a Jean Richepin y a sus cuentos españoles, esos cuentos que los parisienses leen como la cosa más natural del mundo y donde se encuentran, al par que las siniestras caricaturas de Goya, las ingenuidades populacheras de los cromos que decoran las cajas de pasas».

Las observaciones de Gómez Carrillo son de una desconsoladora exactitud. Los franceses pasan la frontera con el propio espíritu novelero, curioso y falseado por absurdas literaturas, con que las americanistas románticas trasponen aún el Río Bravo del Norte para viajar por México.

¿Qué extraño es, pues, que la literatura española sea tan mal conocida en Francia, si el país mismo sigue viéndose a través de un absurdo velo abigarrado, en que parecen estallar los más vivos colores?

La preocupación es tan honda, tan enraizado está en Francia el viejo prejuicio relativo a España, que está efectuándose aquí un fenómeno curioso. Los escritores españoles, después de protestar en todos los tonos contra la absurda manera de verlos y de juzgarlos que se tiene en Francia, han acabado por resignarse y ya no hacen más que sonreír cuando algún periódico francés o algún libro que *vient de paraitre*, les trae una nueva versión de la eterna novela forjada del otro lado de los Pirineos.

Azorín expresaba el otro día con mucha gracia que acaso, en suma, un país no era como la realidad lo había hecho, sino como la imaginación de quienes más saben había decidido que fuese.

La leyenda tiene la vida dura, y así como, según el proverbio árabe, es más fácil arrancar a una leona sus cachorros que a una mujer su ilusión, así es de arduo sustituir una fábula por una realidad.

Y sin embargo, Dios sabe lo que los españoles y aun los hispanoamericanos hemos trabajado por mostrar a España tal cual es ante Francia.

Doña Emilia Pardo Bazán ha publicado en francés cuanto dato se le ha pedido sobre el arte y la literatura españoles; Rubén Darío y Gómez Carrillo han hecho otro tanto. *La España moderna*, del primero, ha sido leída por algunos franceses cultos. A Menéndez Pelayo, a Pérez Galdós y a Pereda se les ha traducido al francés. *Misericordia*, del segundo de los escritores citados, traducida por M. Bixio, ha circulado bastante en París. Blasco Ibáñez, traducido por Herelle, empieza a ser conocido, y Rubén Darío, que de una manera tan comprensiva representa el nuevo movimiento, los nuevos impulsos de la poesía y de la literatura españolas, ha vivido muchos años en París y ha tratado a todas las personalidades de la intelectualidad francesa.

Más todavía: La influencia del espíritu francés, que los franceses gustan extraordinariamente de buscar en los otros pueblos, desentrañándola y definiéndola admirablemente, acaso en ningún país sea tan visible como en España... sin que los franceses se percaten de ello.

Gómez Carrillo, echándoselo en cara, les citaba esta página de Manuel Ugarte, que por no tenerla en su original traduzco del francés:

«El movimiento que tiene por objeto modernizar el castellano, viene de fuente francesa. No todos quieren confesarlo en España, pero esta es la verdad. Abandonando la solemne y vaga verbosidad del antiguo castellano, todos comienzan a ceder a las exigencias de la época, esforzándose en dar un poco más de precisión a sus frases. Los escritores hispanoamericanos, cuya cultura intelectual es exclusivamente francesa, han sido los primeros en emanciparse del purismo y en tomar la iniciativa de la evolución. Algunos han exagerado la tendencia, y llevados de su deseo de innovar, han escrito en un dialecto ridículamente incomprensible. Pero el tiempo, que se encarga de poner todas las cosas en su lugar, ha sabido portar un correctivo a esos ímpetus apasionados, reduciendo la tentativa a sus verdaderas proporciones. No faltan en España, entre los jóvenes, autores concisos y brillantes que se atienen más a la rapidez de la expresión que a las tradiciones de la forma... Tienen la desventaja de no contentar a los hablistas meticulosos que pasan su existencia imitando a los maestros antiguos; pero en cambio tienen la ventaja de ser leídos con interés por el público».

«Hemos logrado, dice Salvador Rueda, hacer dar al castellano un paso hacia adelante, durante estos últimos quince años, volviéndolo sanguíneo hasta la congestión, pintoresco hasta la fidelidad del retrato, luminoso hasta el deslumbramiento, plástico hasta el relieve, y alado hasta disolver las ideas y darles el acento de la música y de los coros». Y este es el resultado de la influencia de la literatura francesa en España.

A pesar de lo cual y de ese orgullo que apuntaba arriba, que hace que Francia no se informe de las literaturas extranjeras sino juzgándolas como emanaciones de la literatura propia y complaciéndose así en descubrirlas, la literatura española es casi desconocida en París.

No pasa lo mismo empero, y este es un hecho muy curioso, que quiero anotar en mi informe, no pasa lo mismo con la literatura portuguesa.

¿A qué se debe esta excepción?

¿A la excelencia de esa literatura? No, por cierto, ya que concediéndole y todo bastante mérito y conviniendo en que Portugal es, para usar una frase francesa, un *petit pays a grande litterature*, ésta no puede compararse ni en calidad ni en cantidad con la española.

¿A cierto matiz de exotismo? Claro es que algo incluirá tal matiz, aunque solo algo. En efecto, Francia, que es el clarín del mundo, que sabe hacer un ruido tan noble alrededor de ciertas obras, de otra suerte condenadas quizás a una relativa ignorancia, busca en las literaturas extranjeras que descubre no solo la huella de la propia que tanto le agrada encontrar, sino una miaja de exotismo que satisfaga su novelero espíritu latino. Ahora bien, Portugal resulta aún un si es no es más exótico que España para los parisienses.

Hasta hace algunos años, sin embargo, los dos solos nombres ilustres en la intelectualidad lusitana, que sabían deletrear los franceses, eran, el del gran Camöens y el del alegre Gil Vicente. Los mejores informados acerca de la moderna literatura portuguesa habían leído impresos los nombres de Joao de Vens y de Almeida Garret.

Surgió en éstas el simbolismo francés y en Portugal hubo un ingenio suficientemente poderoso para cultivar la nueva simiente poética con el mismo vigor que los Maeterlinck o los Moréas. Este hombre fue Eugenio de Castro, a quien sus primeras obras valieron la amistad y el aplauso de todos los pequeños príncipes literarios nacidos a la publicidad en 1884.

Después de Eugenio de Castro se popularizó en Francia Oliveira Soares y los poemas la *Reina de Saba* y los *Palacios confusos* pasearon en triunfo por todos los cenáculos.

La literatura portuguesa se pudo de moda. *Los nuevos* hablaron ampliamente de ella, con especialidad uno, a quien con justicia se ha llamado en Francia el introductor de las letras lusitanas, Mr. Phileas Lebesgue, quien buenas páginas dedicó a sus colegas de Tras os montes en el *Mercurio de Francia*.

Quizá Lebesgue exageró una miaja el valor de sus amigos. «Leyéndole, dice un viejo simbolista, podría uno creer que la literatura portuguesa no cuenta entre sus adeptos más que genios, lo cual es demasiado, porque esto no acontece con ninguna literatura; ¿pero acaso no vale más esto que una reserva llena de acritud y el inútil desdén ante los bellos esfuerzos?»

La reserva llena de acritud y el inútil desdén nos han tocado en suerte a los hispanoamericanos. Lejos de que alguien se tomase el trabajo de estudiar nuestra labor, la magnitud de nuestra labor (ahora apenas iniciada en España), la ignorancia se limitó a declarar *a priori* que todos éramos plagiarios de los franceses y la ironía grosera e inculta nos vació encima todas sus burlas.

Aun hay mucha gente seria que cree que la labor modernista se ha limitado a usar una jerga incomprensible, esmaltada de las palabras glauco, lilial, policromo, venusino, etc., y que toda gente sensata debe inspirarse en las redondillas de Sinesio Delgado y en los sonetos de Manuel del Palacio.

Pero volviendo a la literatura portuguesa, diremos que las exageraciones de Phileas Lebesgue fueron en extremo útiles.

Así como el que poco pide nada merece, así el que no grita mucho no es oído, y en París, entre el estruendo de todos los entusiasmos, de todas las iras, de todas las opiniones, hay que gritar mucho.

Eugenio de Castro y Oliveira Soares abrieron, pues, en Francia el camino a los demás, y pásmense ustedes de esta verdad: Francia hizo que los españoles y nosotros los hispanoamericanos conociésemos la literatura portuguesa, como ha hecho que conozcamos otras muchas literaturas; y pásmense ustedes todavía más: nosotros conocimos antes a los simbolistas portugueses que a los españoles, que los tenían al lado, y si ahora en España se sabe quiénes son Eugenio de Castro, Guerra Junqueiro, Silvia Rebello, Antonio Patricio; si se conoce a fondo al mismo gran Eça de Queiroz; si hay gentes tan bien informadas de la poesía lusitana como Alfredo Vicenti o Francisco Villaespesa, no solo se debe ello a Francia, sino un poco a nuestra América, a la Argentina, sobre todo, donde Luis Berisso popularizó la *Belkiss*, y donde Lugones disertó sabiamente sobre los nuevos lusitanos.

Hablando del teatro portugués, porque los portugueses tienen un teatro propio, y bastante rico por cierto, Phileas Lebesgue dice que «está dominado por la concepción católica del mundo, inconscientemente tenida como regla exclusiva de las costumbres y del derecho, no solo por los simples creyentes, sino aun por aquellos cuya alma se rebela y cuyo corazón sangra. Un duelo trágico y permanente pone, de esta suerte, las unas frente a las otras, a las sugestiones de la fe secular y a las inspiraciones lógicas del individuo, de suerte que la energía, desmigajada, se quebranta; la voluntad naufraga en el desaliento y el pesimismo, ante el miraje de la externa resurrección».

«La más viviente y clara realización que haya sido hecha de este conflicto —sigue diciendo Lebesgue— es el *Fray Luis de Sousa*, de Garret, cuando menos desde el punto de vista social, porque, subjetivamente, la obra y la vida entera de Anthers manifiestan la angustia hasta un supremo grado lírico. Nuestra época, sin embargo, gusta de confrontar los problemas con la actualidad de los hechos y, antes que todo cuidadosa de entrever la solución de esos problemas, ama con predilección los espejos más perfectos. El arte, por lo que él ve, exige cierto aumento en los detalles, gusta de definir tipos; aspira a crear figuras y la imitación exclusiva de los modelos franceses no podrían menos que desnaturalizar estas tendencias».

Entre los dramaturgos portugueses figura don Julio Dantas, cuyo drama *O que morren d'amor*, es de carácter y tendencia eminentemente nacionales y goza con justicia de cierta celebridad.

Marcelino Mesquita, Joao de Lamare y H. López de Mendoza, han cultivado con mucho acierto, ya la comedia de costumbres, ya el teatro patriótico. La que pudiéramos llamar filosofía literaria, al estilo de Anatole France, está representada por Gómez Leal y Juan Grave, y, por último, la novela cuenta entre sus conspicuos cultivadores, además del ilustre Eça de Queiroz, a Camilo Castello Branco, Fialho d'Almeida y Julio Diniz.

De Eça de Queiroz dice el citado Gustave Kahn, quien nos proporciona datos para estas notas: «que ha escrito las más elogiosas páginas. No imita quien quiere —añade— a Eça de Queiroz, sobre todo porque lo mejor de su secreto parece escapar a la mayor parte de sus herederos directos». «Me refiero a esa aristocrática ironía tan fina, tan vaporosa, tan portuguesa y tan artística, para decirlo todo, con que supo (casi él solo entre todos los escritores extranjeros o franceses, con excepción quizá de Flaubert, en *Bouvard y Pecuchet*, y a veces de Maupassant) envolver sus creaciones. Ninguno, y Zola menos, supo escoger a un grado igual, para dibujarnos sus personajes, esos rasgos de sátira ligera a la que se mezcla un desdén escéptico, y que traen repentinamente la sonrisa a los labios. Sonrisa un poco piadosa que hace pensar. Pero no es E\a el único en Portugal, al contrario, él representa de manera excelente a este respecto una actitud nativa del temperamento lusitano, que parecen haber heredado asimismo los más meritorios escritores del Brasil, como Machado de Assis, cuyos cuentos, dignos de un Villiers de L'Isle-Adam, se sabría Queiroz de memoria».

«Eça —continúa diciendo Kahn— fue también un satírico de valor. En cuanto a Fialho d'Almeida, es un panfletista y *conteur*, en quien lo trágico se une a lo cómico, lo melancólico a lo grotesco, lo malicioso a lo macabro... Sus retratos se destacan en plena y cruda luz, fijados de una manera inolvidable, por medio de algunos mordentes rasgos de lápiz. En otros escritores, como Camilo Branco, la verba bufonesca y satírica va unida a cierto sentimentalismo».

Según el escritor citado, la saudade lusitana, «esa melancolía que constituye el extraño encanto de los mejores poetas de Portugal, parece ser más bien de esencia céltica y se superpone al viejo fondo ibérico, exuberante, alegre, sensual, enamorado de las réplicas vivas, de las justas del espíritu y de los contrastes».

Pero estos análisis étnicos nos llevarían muy lejos de nuestro propósito y alargarían desmesuradamente nuestro informe, en el que solo hemos pretendido dar una idea de la literatura portuguesa actual y del lugar que ella y la española ocupan en la estimación de los franceses y de los hispanoamericanos.

Los literatos en el ejército y en la juventud francesa

En estos momentos agita la opinión francesa un asunto por todo extremo interesante: la disminución del analfabetismo en los conscritos o reclutas que llegan iletrados al regimiento. Hace cuarenta años, un 25 o 30 por 100 de jóvenes franceses no sabía ni leer ni escribir. Desde que se estableció la República esta proporción se ha reducido de tal suerte que ahora apenas si un 5 o un 6 por 100 se halla en ese triste caso.

Pero Francia tiene de vecinas dos naciones que aguijonean saludablemente su amor propio: Alemania y Suiza, y sabe perfectamente, porque consulta sin cesar las estadísticas, que apenas si uno o dos soldados suizos de cada cien son analfabetos; mientras que en el censo militar francés de 1907 había más de once mil jóvenes que no sabían ni leer ni escribir, y cinco mil de los cuales se declaraba «que no se había podido comprobar su instrucción». Así, pues, veinte mil soldados franceses, según la estadística, son incapaces de escribir su nombre, y están privados de los menores rudimentos de instrucción primaria.

Si entre nosotros aconteciese eso, con qué sonrisa de complacencia lo sabríamos. ¡Imaginad, por un momento, que en México solo el 5 o 6 por 100 de los jovencitos mayores de doce años no supiese ni leer ni escribir! ¿Concebís felicidad más grande? Pero Francia no puede consolarse con esto. Francia quiere que en la enorme masa de su ejército, compuesto de jóvenes que son lo mejor de la nación, no haya uno solo analfabeto. ¿Qué idea de Patria, de deber, de sacrificio, piensan aquí, puede tener un soldado que no sabe ni leer?

Se ha dicho hasta la saciedad que los vencedores de 1870 no fueron Bismarck ni Moltke, sino los maestros de escuelas alemanes, y Francia no ha olvidado esto. Así, pues, nada menos que 200 diputados republicanos de todos los matices han firmado una proposición de ley, cuyo fin esencial es señalar al país el mal de que vengo hablando.

Uno de estos doscientos firmantes, el diputado por el Sena, Fernando Buisson, razonando la antes dicha proposición de ley, se expresaba de esta suerte:

Sin perjuicio de todas las otras medidas legislativas y administrativas que sean necesarias, queremos que se haga en Francia lo que ha tenido un éxito maravilloso en Suiza, a saber: al día siguiente del voto de la Constitución que colocó el ejército bajo la mano de las autoridades federales, Suiza estableció en 1875 un examen anual de reclutas, desde el punto de vista de la instrucción. Se trataba de una especie de certificado de estudios, un poco más completo que el francés, al cual se somete a todos los jóvenes reclutas.

Este certificado de estudios comprende cuatro pruebas: lectura explicada, redacción, cálculo mental y escrito, conocimientos cívicos (historia, geografía, instituciones nacionales).

El resultado se pone de manifiesto año por año merced a estadísticas que son interesantísimas. Se trata de un doble resultado. De una parte, a fuerza de energía y de perseverancia, se ha extirpado la plaga de los iletrados: en 1906 de 28.000 hombres solo 17 no sabían leer de corrido. Por otra parte, y éste es el más admirable efecto de la institución, el promedio general se ha elevado de tal suerte que un 39 por 100 del efectivo militar total ha obtenido un conjunto de notas superior a la media, lo que supone una elevación general del nivel de la instrucción popular en la masa de la nación que es por todo extremo apreciable.

¿Cómo ha podido lograrse este milagro en menos de una generación?

Únicamente por la fuerza de la opinión pública despertada, estimulada, aguijoneada por la publicación de los resultados. El amor propio de los individuos y de las familias, el de las poblaciones, el de las autoridades diversas, ha barrido todos los obstáculos.

Sin copiar punto por punto el sistema suizo, dice monsieur Buisson, queremos retener la idea esencial: que haya a la entrada al regimiento un examen individual, serio, obligatorio. No pedimos que reciba el amplio desarrollo que se le da en Suiza. Por restringido que sea, una vez que exista, producirá en la juventud que haya llegado a la edad militar cuando menos tanto efecto como nuestro humilde certificado de estudios en la juventud que ha llegado a la edad escolar.

•••

Y, dirigiéndose a los maestros de escuela, el diputado Buisson les dice calurosamente: —Lo que os pedimos, señores institutores, es que nos ayudéis a esclarecer la opinión pública. Es que aprovechéis el momento de emoción oportuno. La ocasión es propicia para enderezar cierto número de errores, para disipar muchas ilusiones en que se complace nuestra pereza.

El nuevo proyecto de ley, que la Cámara votará sin duda alguna, os pide, señores maestros, que desempeñéis un nuevo papel. El inspector primario será directamente quien, guiándose por el cómputo de faltas señalado por vosotros mismos, hará requerimientos, perseguirá a los faltistas que son verdaderos delincuentes, y pedirá para ellos los rigores de la ley.

Esta misión sin duda vosotros la aceptaréis sin titubear. No temeréis las recriminaciones que podrá valeros. Pero con una condición, y es que, por su parte, la nación haga en vuestras clases lo que hace fuera de ellas: todo lo necesario para justificar los rigores de la ley. A condición también que la caja de escuelas esté lista para ayudar, para levantar a las familias indigentes cuya negligencia tiene por excusa la miseria; a condición, por último, de que los reglamentos escolares se adapten y diversifiquen lo que sea necesario, para hacer a todos más fácil la frecuencia de la clase, según los lugares, las estaciones y las ocupaciones del país.

Y obteniendo esto, diréis aún (y seréis oídos) que Francia es el país que más ha reducido el período escolar y que nuestras leyes necesitan en este punto una corrección inmediata. Todos nuestros vecinos, con excepción de España e Italia, hacen durar la escuela primaria hasta la edad de catorce años cumplidos: todos estiman que permitir al niño que abandone la escuela, para aprender un oficio, a los once o doce años, es un acto de absoluta imprevisión social y que no aprovecha en realidad ni a las familias ni al trabajo nacional.

Y diréis aún que, aun cuando la asistencia a la escuela esté asegurada, en Francia, como en todas partes, hay que someterse a la ley de la naturaleza. Un niño que deja todo estudio a los doce años, y que está sometido sin remisión a la dura ley del trabajo manual no interrumpido, en los campos y en el taller, olvidaría forzosamente lo que mal o bien ha aprendido en su rápido paso por la escuela. El mayor número de iletrados se compone, no de jóvenes que no saben leer, porque desde los doce a los veinte años han olvidado lo que aprendieron. En casi todos los países vecinos se han establecido clases complementarias obligatorias de los catorce a los diecisiete o dieciocho años, a razón de algunas horas por semana, tomadas de las horas de trabajo. Casi todas las legislaciones suizas y alemanas contienen este artículo: «Se prohíbe dar clases a los jóvenes aprendices u obreros, después de las siete de la noche».

Es fuerza que nosotros votemos una ley semejante si queremos alcanzar a los países que nos han ganado terreno.

«Todas estas son verdades nuevas en Francia» —dice Buisson—. «¿Y en México?», pregunto yo a mi vez. «Es difícil hacerlas entrar en los espíritus», añade, y habría que decir en la conciencia pública.

Señores maestros —concluye monsieur Buisson—, no vaciléis en defender ante la nación la causa de esos ignorantes, de esos incultos, de esos iletrados de ahora y de mañana, a quienes hay que salvar, que instruir, en interés propio y en bien de la patria.

•••

Pero, digo, yo, ¿es que el ideal de una nación tan culta como Francia puede satisfacerse con que los jóvenes del pueblo, destinados todos durante dos años al ejército, sepan leer, escribir y contar?

No, este ideal sería demasiado raquítico, demasiado modesto.

El soldado debe ser, si es posible, un hombre instruido, un poco literato, un poco artista.

¿Habéis leído, cuando la guerra ruso-japonesa, que tantas sorpresas produjo al mundo, cómo empleaban sus ocios los ejércitos del Mikado?

Era frecuente, en los intervalos de reposo, ver a los simples soldados japoneses ya pintando hermosas acuarelas, estilizadas y finas, ya escribiendo sus impresiones, ya... componiendo versos.

¿Qué raro es que haya vencido un pueblo cuyos simples reclutas poseían una mentalidad tal?

Ciertamente, y a pesar de la opinión apuntada arriba, no es la ignorancia la que impide los heroísmos.. Guzmán el Bueno no era un letrado. Juana de Arco no sabía teología ni cánones. ¿Pero no es mejor, por fortuna, en la guerra moderna, no sirve más a la patria el tranquilo y lúcido (lúcido sobre todo) cumplimiento del deber? ¿No influye en gran manera en la victoria la iniciativa personal del Soldado, cuando va guiada por una instrucción sólida?

No es el número ni el valor de los soldados lo que triunfa en la guerra moderna: es la calidad de los mismos. La táctica personal colaborando, no mecánica, sino inteligentemente, con la táctica de los estados mayores, y completándola en el detalle.

He aquí cuál debe ser, pues, nuestro sueño, el sueño de todos los países civilizados, mientras subsista la posibilidad absurda y bárbara de la guerra: no solo que cada soldado sepa leer de corrido y escribir su nombre, sino que sea cada uno de ellos un hombre medianamente instruido.

Para lograrlo, hay que evitar, desde luego, y por cuantos medios estén a nuestro alcance, que los muchachos de las clases humildes entren a los talleres antes de haber completado su instrucción secundaria. La ayuda que sus familias creen obtener de ellos será inmediata, es cierto, interrumpiéndoles su instrucción, pero en cambio engañosa y nula al cabo de poco tiempo. En efecto, el aprendiz de doce años se volverá analfabeto y acabará invariablemente (acechado por las malas compañías y por la taberna) en la cárcel o en el hospital.

Para los aprendices incultos queda el remedio de la escuela de adultos. Pero por ningún concepto, la escuela nocturna. La escuela nocturna es nula en este caso. Viene, después del horrible trabajo del día, a ser una pena más, y todos sabemos que el aprendizaje con pena y esfuerzo excesivos se vuelve nulo también.

Se necesita un gran deseo de instruirse, deseo que es cándido suponer en todos los individuos de nuestro pueblo, para, después de las fatigas del día, emplear fructuosamente las primeras horas de la noche.

La clase para adultos debe llenar una condición esencial: que en ella se sustituya un trabajo a otro, el intelectual al manual; debe darse en horas de faena, exclusivamente. El aprendiz, el obrero, saben así que la hora o las dos horas diarias que gastan en aprender, no son un exceso de tarea, sino una agradable variedad dentro de la tarea; que esas horas, dándoles labores de espíritu, les restan, en cambio, quehaceres materiales. Y así irán al estudio con verdadero amor y deseo.

Cuán sabia es, pues, la legislación suiza que todos debemos implantar en nuestros países y que tan discreta y concisamente resuelve el problema:

«Queda terminantemente prohibido dar clases a los aprendices u obreros jóvenes después de las siete de la noche».

La libertad del arte literario

Creo haber dicho a usted oportunamente que, bajo los auspicios del conocido senador monsieur Beranger, se celebró en París, en mayo último, un Congreso internacional contra la pornografía, esa pornografía que invade e infecta sin misericordia la novela contemporánea. En este Congreso, como era de preverse, mucha gente, animada de las mejoras intenciones, pero de un celo excesivo, condenó algunas obras que, a pesar de su crudeza, son trabajos de arte, merecedores de toda consideración y respeto. Entonces Georges Lecomte, presidente de la Sociedad de Hombres de Letras, sin quitar, ni mucho menos, la razón a quienes combatían la publicación de libros obscenos, supo, sin embargo, sostener los derechos de la literatura alta y libre, defendiendo los libros de Zola, atacados por gente ignorante. Han pasado ya más de dos meses de estos interesantes debates, y acaba de fundarse una liga en favor de la libertad del arte literario, «liga de protesta cortés y mesurada contra el celo intempestivo de algunos congresistas extranjeros, llenos sin duda de buenas intenciones, pero excesivamente peligrosos y faltos de tacto».

Esta liga publicó en el Mercurio de Francia un manifiesto, señalando ciertas tonterías —no pueden llamarse de otro modo— de que algunos representantes extranjeros del Congreso se jactaron cándidamente.

Uno de ellos, por ejemplo, se enorgullecía ante sus colegas de haber hecho que se prohibiese la venta de los libros de Zola, de Pierre Louys y de Maupassant. Otro hizo que se suspendiera una pieza de Donnay. Otro aún denunció una novela de René Boylesve...

Como se ve, pues, gentes honorables, hasta inteligentes, son capaces de condenar un libro de Zola o de Maupassant. ¿Debemos lanzarles por eso nuestros anatemas? No del todo, si tenemos en cuenta lo difícil que es decir dónde acaba el arte y dónde comienza la pornografía.

Meditando con mucha lucidez acerca del asunto, el ilustre Paul Margueritte dice, entre otras cosas, lo siguiente, que me apresuro a traducir por lo que ilustra esta interesantísima cuestión:

«Cuando se ha visto ya —dice Margueritte— condenar o perseguir a hombres como Jean Richepin, Paul Adam, Catulle Mendès, Raoul Ponchón, Luden Descaves, Willette, Forain, Steinlein y Jean Veber, tiene uno el derecho de calificar de retrógrados el gusto y los sentimientos del Congreso contra la pornografía, y es imposible dejar de notar la mala inteligencia latente y acaso franca, que o se ha producido ya o se producirá en fecha próxima entre las declaraciones de los principales congresistas y la del ilustre y animoso presidente de la Sociedad de Hombres de Letras.

«Georges Lecomte —el presidente de la referida Sociedad— no censura, y con razón, más que la pornografía deshonrosa. Letrado, antes que todo, republicano amante del progreso, novelista también, quiere hacer respetar los derechos del escritor sincero. Ahora bien, la mayor parte de los congresistas antipornográficos ignoran esos derechos, los desconocen o los niegan.

«Hay en esto una mala inteligencia que un escritor experto, crítico concienzudo, Georges Fonsegrive, no ha podido menos de reconocer lealmente, en un reciente artículo de *La Revue Hebdomadaire*, artículo que puede dar mucho que pensar y hasta justificar en absoluto la libertad del arte.

«Georges Fonsegrive, católico ilustrado y sin gazmoñería, investiga en ese artículo cuáles son las "fronteras de la pornografía", y como de una parte está el sentido de lo bueno y de lo verdadero en el arte, si de la otra Fonsegrive reprueba, con razón, las manifestaciones groseras y lúbricas, forzoso le es convenir en que estas fronteras son flotantes, limitadas por las costumbres, los hábitos, las conveniencias del tiempo en que vivimos; es decir, que son muy relativas.

«Ciertamente yo me adheriría a las conclusiones de Mr. Fonsegrive, si éste, como moralista cristiano, no juzgase el arte por sus consecuencias sociales, y fundándose, a lo que parece, en que el pueblo no comprende la desnudez de las estatuas griegas, entre otras del discóbolo, no declarase lo siguiente:

«¿Habrá, pues, que perseguir y proscribir el discóbolo? El mismo senador Mr. Beranger se opondría sin duda a esto. Sin embargo, fuerza sería concluir que si la observación demostraba que la inmensa mayoría de los espectadores se impresionaba del mismo modo que los obreros mencionado, la proscripción del discóbolo se impondría.

»Este veredicto, suscrito por la concienzuda pluma de Mr. Fonsegrive, trae aparejadas tales consecuencias y reflexiones tales, que en verdad no puede uno menos que participar por el manifiesto de la Liga en favor de la libertad del arte.

»Subordinar la moralidad de una obra de arte o de un libro a la incomprensión oscura de las masas, sería la peor regresión a la barbarie. Y, persuadámonos bien de que, ante este criterio, nada subsistirá dentro de muy poco tiempo; ni un cuadro, ni una estatua, ni un libro, por honrados y humanos que fuesen.

»En efecto, no hay obra que no exalte el sentimiento del amor terrestre o místico, y que, por consecuencia, no pueda atizar en los ignorantes el sentido genésico o las fuerzas romanescas del deseo. Los más bellos y delicados libros serían proscritos como inmorales: Dominique, de Fromentin, ¿no produjo, por ventura, millares de víctimas sentimentales?

»¿Werther, no desencadenó acaso el gusto mórbido del ensueño y la sed inextinguible del amor en innumerables almas jóvenes?

»Ayer, apenas apareció un libro muy bello de Eduardo Rod, con el cual no estoy de acuerdo en todo, pero cuya franqueza admiro. En esa novela, Aloyse Valerien, dos seres son arrastrados hacia el abismo del amor, rompiendo con las leyes y las convenciones mundanas, sin que nada, ni la influencia de los padres amados, ni los ejemplos trágicos de la experiencia, puedan retenerlos. ¿Prohibiríais vosotros ese libro de pasión dolorosa y clarividente, porque no han de faltar amantes que peguen a sus páginas los rostros ardorosos y en ellas hallen un estímulo para ceder a su destino?».

•••

M. Remy de Gourmont, en términos excelentes, trató este asunto en días pasados en el Mercurio Francia, mostrando que lo que se llama pornografía no es en suma otra cosa que la libre expresión del sentimiento sexual.

Este sentimiento, quiérase o no, y aunque se le oculte bajo una capa de hipocresía, está en la base de todo. Agita la adolescencia del hombre y de la mujer, da a su vida consciente toda su intensidad, y no muere sin causar profundas revoluciones orgánicas. Ligado al cerebro y a todas las fuerzas vivas de nuestros sentimientos y de nuestras ideas, es al mismo tiempo verbo y carne. Sin él no hay pensamiento, ni poesía, ni novela, ni filosofía, ni artes humanas.

El cristianismo ha querido sofocarlo y no lo ha logrado. Felizmente, dice M. Remy de Gourmont, porque suprimirlo sería suprimir la vida.

Como se ve, pues, los señores del Congreso Internacional contra la pornografía se tienen que encontrar hoy, mañana y después, con uno de los más complicados problemas.

¿Cómo marcar las lindes que separan la pornografía del arte? ¿Es posible juzgar con el mismo criterio al autor de *El triunfo de la muerte* y a los que escriben ciertos librillos verdes que andan hipócritamente en el mercado?

¿Y, por otra parte, no es relativa por ventura la inmoralidad de un libro? ¿No depende más que todo de la edad, del carácter, de la imaginación y de la cultura del lector?

¿La Biblia misma, no turbaría profundamente con ciertos relatos el espíritu de un adolescente?

¿No tratan acaso los jesuitas, en la actualidad, de influir en el Papa, a fin de que se prohíba la lectura de los Evangelios, que, según dicen, proporcionan apoyo a las teorías protestantes?

El público, y solo el público, puede, por tanto, ser juez en asunto tan escabroso, y desechar con energía todos aquellos libros que simplemente tiendan a exaltar en nosotros a la bestia; proscribiendo en los casos especiales aquellos que, teniendo una forma artística y todo, sean peligrosos para las almas que empiezan a vivir.

En cuanto al escándalo producido por la obra de arte entre los ignorantes, no es ni puede ser argumento para la proscripción de aquélla. Edúquese más bien a las masas, a fin de que hallen, como nosotros, casta la desnudez de la estatua.

Hay falsos pudores que conviene suprimir desde la infancia, pensando que el hábito tranquilo de contemplar desnudeces valdrá siempre más que el seudocasto propósito de no mirarlas.

El pudor irrazonado y la malicia son hermanos. Hay muchas cosas que hacen enrojecer a las vírgenes, no porque sean malas en sí mismas, sino porque una convención social las proscribe.

Muchas jóvenes se ruborizan, por ejemplo, de mostrar sus pies desnudos, y sin embargo, ¿hay algo más casto, más bello, más clásicamente noble que los pies desnudos de las vírgenes?

La gazmoñería, la bigoterie, ha falseado todos los altos conceptos de la vida.

En realidad, por lo que respecta al papel impreso, no hay libro de arte sincero que no pueda leer una mujer serena y fuerte. Pero justamente la gazmoñería acaba con todas las serenidades y con todas las fortalezas.

Juremos guerra a muerte a la gazmoñería y despreciemos profundamente la ignorancia esclava que no sabe elevarse a la alta y libérrima concepción del arte.

En cuanto al libro que pretende exteriorizar la belleza en un estilo noble, respetémosle.

Hagamos, en cambio, a un lado la obra sin fisonomía y sin individualidad, recordando que hay una clase de libros que siempre son inmorales: los mal escritos.

La mujer y la literatura española contemporánea

Una de las características de la mentalidad femenina en España es el desvío por las bellas letras, y con más razón aún por los estudios serios. Reina en este punto el mismo criterio que reinaba en Francia a principios del siglo. La mujer que escribe desciende en cierto modo de su nivel social y se vuelve casi piedra de escándalo para tales y cuales espíritus timoratos. Un articulista francés refería en días pasados las dificultades con que, debido a este criterio, luchó en otro tiempo cierta escritora compatriota suya, célebre en la actualidad. Su madre, una buena burguesa, se asustó cuando la joven le hubo manifestado sus deseos de dedicarse a la carrera de las letras:

—¡Cómo, hija mía! —exclamó la buena señora—. ¡Eso es imposible!

—¿Y por qué?

—Pero... ¿vas acaso a disfrazarte de hombre? ¿Vas a fumar cigarrillos?

En efecto, para las honradas señoras francesas de antaño, una escritora tenía que ser a la fuerza por el estilo de Jorge Sand, según le representaban las ilustraciones populares. Es decir, con un fez, un pantalón de húsar y una amplia blusa, y fumando cigarrillos.

En España, ninguna señora de la buena sociedad se asustaría por lo de los cigarrillos: todas los fuman. Pero por lo que ve a la literatura, pocas partidarias o ninguna habría de encontrar en la aristocracia.

Hay, sin embargo, una dama española, nacida en las gradas de un trono, que escribe: la Infanta que tiene talentos literarios. Solo que estos altos ejemplos no cunden por ahora en las clases pudientes. ¿A qué se debe? Yo creo que a la futilidad, a la agitación, al atolondramiento de la vida moderna, en la crema de los círculos sociales. La literatura, que tan de moda estuvo en el reinado de don Alfonso XII, ya no lo está.

Traído por Cánovas a raíz de todas las veleidades revolucionarias y de la República, este Rey quiso ante todo hacerse simpático, dominar la opinión, y uno de sus más felices arbitrios fue mimar a los escritores célebres.

No era raro en aquella sazón que un poeta o un novelista se sentasen a la mesa real y acompañasen al monarca a excursiones de placer.

Naturalmente, la literatura, merced al regio padrino, se coló de nuevo por los salones, y hubo muchas duquesas que escribieron versos.

El espíritu sopla ahora de otro lado; el automóvil hace demasiado ruido para dejar oír el suave rumor de unos versos. Por otra parte, no hay tiempo de leer para esa gente que vive encendida en fiebre de movimiento, divagada y ansiosa, y como no se lee, no se escribe.

Pero, diréis, las mujeres de la clase media sí podrían escribir. ¿Por qué no lo hacen? ¿Por qué no imitan a las francesas? En efecto, en este punto el contraste entre Francia y España no puede ser más grande. En Francia, donde según los datos publicados recientemente por una publicación popular, habría hace veinte años mil escritoras, hay en la actualidad nada menos que cinco mil, entre las cuales se cuentan una Daniel Lesueur, una Judith Gautier, una madame Delaune Mardrus, una condesa de Noailles, una Gip, una madame Catulle Mendès y una madame Fernand Gregh.

En España, casi tenemos que reducirnos a citar un solo nombre: el nombre estimabilísimo de doña Emilia Pardo Bazán.

Hemos dicho *casi*, porque es claro que citaremos algunos más; pero dejando el primer solo y aparte, a fin de no amenguar los otros con comparaciones.

¿Debe por ventura atribuirse este desvío al fervor religioso? No por cierto; ya que un alto ascetismo no impidió, ni a Santa Teresa de Jesús, ni a la venerable madre María de Jesús de Agreda, escribir cosas tan admirables como las que escribieron.

Y vaya si fue piadosa también doña Concepción Arenal, lo cual no le estorbó tampoco, por cierto, para señalarse tan brillantemente con sus prosas, con sus versos, con la alteza de su estilo y de sus pensamientos.

Piadosa, sí, y no solo de palabra, sino de acción. No contenta con llevar a cabo innumerables obras de caridad, fundó un periódico, destinado especialmente a facilitar y multiplicar estas obras, y llevada de un espíritu cristiano, tan fervoroso como heroico, llegó hasta a ponerse al frente de las ambulancias del Norte, en la segunda guerra carlista.

Más aún: la obra por excelencia de su pluma es *El visitador del pobre*; es decir, una obra de piedad y de amor.

Quizá hay que asignar dos orígenes a la escasez de labor literaria en las mujeres españolas: Primero, la oposición sistemática de los hombres.

Segundo, el hecho de que en España, como en Hispanoamérica, la Literatura no sea todavía un *metier* productivo como lo es en Inglaterra y en Estados Unidos; como empieza a serlo en Francia.

Examinemos cada uno de estos dos capítulos:

Es un hecho, con respecto al primero, que el hombre de nuestra raza no cree, sino a medias, en el talento de la mujer. Sigue considerándola como un ser medularmente inferior, y juzga, por lo tanto, que en este camino de la Literatura ha de ganar poco y ha de perder mucho.

Ni aun los franceses logran desembarazarse del prejuicio de inferioridad intelectual femenina, por lo cual no es raro que espíritus tan amplios y libres como el de Emile Faguet escriban:

«Las inglesas y las americanas han trazado desde hace mucho tiempo el camino a las francesas. La mujer, además, es por excelencia educadora; tiene aptitudes para llenar todas las funciones sedentarias, y la ensoñación debe conducirla fatalmente a la Literatura. Añadid a esto que en nuestro tiempo las mujeres han abordado todas las carreras. La de escritor parece fácil; no exige, en apariencia, ni aprendizaje ni gastos. Con algunos centavos de papel, una pluma y tinta, todos pueden esperar la conquista de la fortuna y de la gloria; las mujeres han logrado frecuentemente una y otra, porque *si es raro que tengan ingenio, frecuentemente tienen talento*».

Como ven ustedes, apunta aquí la más fina ironía del maestro, cuyo desdén protector por las escritoras se acusa demasiado.

El español —como el hispanoamericano— es más rudo y sumario que Faguet para sus juicios, y en vez de revestir su desdén con circunloquios, suele repartirlo con harta franqueza entre las mujeres que escriben.

Bastaría acaso para no multiplicar citas, recordar los ataques de que ha sido objeto doña Emilia Pardo Bazán. Se diría que su talento, completamente masculino, humilla a los hombres, sobre todo a aquellos a quienes, a pesar de su sexo dominador, no les ha sido dada ni la excelencia en el pensar ni la excelencia en la expresión.

No es extraño ni mucho menos que esta mujer, acosada y combatida, en cuyo talento tanto trabajo ha costado creer a los escritores, se haya vuelto hosca y se haya encerrado en su excesivo orgullo como en una fortaleza.

•••

La segunda razón del desvío de la mujer española por la Literatura, decíamos que radicaba en el hecho de que aquí, como en Hispanoamérica, escribir no es aún un *metier* productivo, como lo es en Inglaterra y en Estados Unidos y como empieza a serlo en Francia.

En los dos primeros países citados, el número de escritoras se llama legión. Los hombres, día a día, abandonan a sus colegas con faldas el arte de novelar. Casi todas las obras de imaginación son escritas por mujeres. Los escritores se dedican preferentemente a la Sociología, a la Economía política, al estudio de los grandes problemas modernos.

En cuanto a los productos de esta labor mental, no pueden ser más halagadores para las mujeres. Tanto en Inglaterra como en los Estados Unidos las novelas femeninas se venden por centenares de miles, y hay innumerables damas que, escribiendo, se ganan decorosamente su vida.

Por lo que respecta a Francia, ya decíamos al principio que, de mil mujeres que escribían hace veinte años, el número de las que escriben asciende en la actualidad a cinco mil.

Hay, sin embargo, pesimistas que juzgan que escribir es mal oficio: Coppée, entre ellos, que, interrogado acerca de lo que pensaba de sus colegas femeninos, escribió:

«Les ha llegado a ellas también su vez de enfermarse de este mal del siglo: escribir. Yo soy de la Academia desde hace veinte años; el número de libros que se nos envían se ha decuplado. El resultado de esta plétora no se ha hecho, por cierto, esperar. Por un fenómeno que puede parecer peregrino, pero que, sin embargo, era fácil de prever, los lectores han disminuido a medida que los escritores producen más. La Literatura, que en otro tiempo era un arte, se ha vuelto un oficio, un mal oficio, y quizá por esta sola razón me admiro de que se dediquen a él las mujeres, que, en general, son más prácticas que los hombres».

No ha de ser empero un oficio tan malo —digo yo— cuando, lejos de desengañarse y desertar, el número de escritoras aumenta cada día. Por su parte, el articulista que citaba al principio es de mi opinión, pues comentando a Coppée, dice:

«¿Un mal oficio? Eso es discutible. Hay numerosos casos, que por delicadeza no precisamos aquí, en que una mujer abrumada por trágicos reveses de fortuna, ha encontrado en las letras, no solo un consuelo, sino también una manera de ganar el pan muy honorable.

»Algunas de nuestras novelistas, sobre todo las que escriben novelas de enredo, colocan fácilmente su original para los folletines y ganan hasta ochenta mil francos por año. Otras llegan más modestamente a diez mil francos anuales, lo que constituye, si no la riqueza, cuando menos un modesto pasar. Hay también quienes se quedan en la miseria, frecuentemente por falta de trabajo; algunas veces por falta de talento. La prevención del público contra los libros firmados por nombres femeninos es cada día menor, aunque no ha desaparecido totalmente. Este prejuicio es el que constreñía a Jorge Sand y ha compelido a Daniel Lesueur a adoptar seudónimos masculinos. Muchos libros dicen todavía, hoy por hoy, que las mujeres, que son las principales, por no decir las únicas lectoras de obras de imaginación, no gustan de las obras firmadas por gentes de su sexo, quizá por un oculto sentimiento de celos; quizá también porque les parece menos interesante conocer el pensamiento de sus congéneres».

•••

Quedamos, pues, en que en Francia escribir no es mal oficio.

Pero, ¿y en España?

Yo recuerdo que en cierta ocasión Rubén Darío, en su nombre y en el mío, escribió a doña Emilia Pardo Bazán, pidiéndole que propusiese nuestra colaboración en un periódico en el que ella escribía.

Doña Emilia respondióle que no valía la pena de intentarse; que «era tan poco lo que a ella le pagaban, que le daba vergüenza confesarlo».

Esto acontecía allá por el año 1901; de entonces acá las circunstancias se han modificado apenas; la colaboración, así sea de maestros, se paga harto mal en España, aunque nunca tan mal como en nuestro México, y la propia doña Emilia, que es una hormiga intelectual, que produce enormemente, no debe por cierto abundosa pitanza a su pluma.

El autor que más gana en España es don Benito Pérez Galdós, y él mismo ha confesado no hace mucho a un joven amigo suyo, que no podía aún soñar en vivir una vida tranquila de los productos de su labor realizada, con ser ésta y todo, tan sustancial y abundosa. Y cuenta que don Benito sabe de números y, como Shakespeare y como Victor Hugo, administra hábilmente sus libros.

He aquí, pues, explicado, mejor que por otras razones, por estas dos examinadas, el desvío de la mujer española por la Literatura, que si, además de ser oficio fácil, le fuera productivo, tentaríala sin duda alguna.

En Inglaterra una gran cantidad de mujeres se dedicó a escribir novelas porque vio en ese expediente una manera honrosa de vivir.

«Desde hace tiempo —dice el articulista citado al principio de estas líneas— la situación, en este sentido, es neta y clara para las mujeres inglesas, quienes después de haber escrito en un principio, como está pasando en Francia, obras psicológicas encantadoras, se han deslizado de la novela puramente novelesca hacia las obras de documentación histórica.

»En cuanto a los americanos, quieren que la literatura sea el privilegio de la mujer y que los hombres se reserven el arte militar, las exploraciones, las finanzas, etc. De cuarenta volúmenes que aparecen en América, treinta son obras de mujeres. Mark Twain, hablando recientemente de este estado de cosas, afirmaba que un escritor masculino despertaría muy pronto en Estados Unidos el mismo estupor que un caballero que hiciese bordados o tapicería».

•••

No obstante lo apuntado, podría yo citar algunas damas españolas cuya labor, precisamente por ingrata y mal comprendida, es más meritoria y que honran a su sexo y a su patria.

Mencionaré primero, haciendo abstracción, por harto conocida y citada, de doña Emilia Pardo Bazán, a doña Blanca de los Ríos de Lampérez.

Esta señora se ha dedicado con mucho fruto a las investigaciones históricas, que tanto privan en España, y con especialidad ha desenterrado numerosos datos y documentos relativos a la vida y obras del maestro Tirso de Molina, cuya ilustre y simpática figura, gracias a su pluma, ha adquirido un relieve más extraordinario aún.

También a la literatura histórica se ha dedicado doña Magdalena S. Fuentes y acaba justamente de escribir un estudio, si breve, lleno en cambio de erudición y de amenidad, sobre *La mujer en el teatro de Rojas* y en el que hay síntesis tan bien logradas como la que contienen estos párrafos:

«Las mujeres de las obras de Rojas son más admirables por la filigrana del cincelado que por la originalidad de los caracteres, más populares por su calor humano que por su arrogante pujanza. Las protagonistas de *Donde hay agravios no hay celos*, de *Don Lucas del Cigarral*, de *Amo y criado*, son figuras repetidas hasta la saciedad en la dramática de entonces; pero que en las comedias del insigne dramático toledano se hallan como depuradas de muchos de los defectos inherentes al tipo, tal vez por una crítica certera realizada sobre las obras de los dramaturgos anteriores, tal vez por la suavidad de modelado y la irradiación de vida que Rojas supo prestar a sus figuras femeniles».

«Las heroínas de su teatro corresponden a los tipos generales de las comedias de la época; discretas y sagacísimas damas, que, bajo el velo del disimulo, tan favorable a equívocos e intrigas como el clásico manto de las tapadas, insinúan intencionalmente sus deseos; solteronas ridículas, vanas y quisquillosas; criadas traviesas, interesadas y ladinas; labradoras cultas e integérrimas; mujeres, en fin, tales como tenían que producirlas los convencionalismos, el ambiente de hipocresía y los resabios pagano-escolásticos de la poesía, de la educación y de la cultura».

Citaré, después de la señor Fuentes, a la señora Carmen de Burgos Seguí. Esta dama ejerce en sus escritos una especie de apostolado feminista y escribe en los diarios, en el *Heraldo* sobre todo, del cual es corresponsal, actualidades de un estilo fácil y agradable. Ha publicado, además, novelas y cuentos.

Asimismo mencionaré a la señora Pilar Contreras de Rodríguez, quien ha dado a luz en estos días un tomo de versos, intitulado Entre mis muros. Tiene esta señora analogía con nuestra poetisa doña Esther Tapia de Castellanos, y suele acertar como ella en la expresión de los afectos y sentimientos de la familia y del hogar.

Sofía Casanova, otra dama española, dedícase a la novela y acaba de publicar asimismo una obrita, *Lo eterno*, que es muy apreciable como ensayo y que ha merecido a un crítico muy escuchado conceptos como los siguientes:

«Trata *Lo eterno* un tema bastante repetido en la novela española y extranjera: el amor profano de un clérigo. Es un asunto genuinamente romántico en cuanto dramatiza el amor, dándole el atractivo de lo pecaminoso y convirtiéndole a la par en una fuerza trágica que se erige en destino de una vida. Pero la señora Casanova trata este asunto algo escabroso con todos los miramientos posibles. El eclesiástico de su historia no llega a caer en el pecado material de impureza. Peca con la intención y la fantasía, mas en el terreno de los hechos, su pecado se reduce a estorbar con una perfidia los amores de la mujer que le ha inspirado sentimientos mundanos con otro hombre. En realidad, no se diferencia mucho la sustancia de esta narración de lo que ocurre en las vidas de los santos. Se trata sencillamente de una tentación, como las muchas que refieren los hagiógrafos, y como el eclesiástico de *Lo eterno* se arrepiente y acaba por ser un misionero ejemplar que da testimonio de la fe, creo yo que con algunos retoques de forma, *Lo eterno* podría figurar sin inconveniente hasta en un santoral moderno. Acaso porque vivimos en una época de poca fe, ésta se ha vuelto más recelosa y desconfiada y no tolera ya lo que forma uno de los grandes motivos y uno de los más frecuentes temas de la literatura hagiográfica.

«Más reparos que desde el punto de vista moral se pueden poner a la novelita de la señora Casanova desde el punto de vista literario, que es un punto de vista profano. Aparte de que estas tragedias íntimas de la tentación han perdido mucha fuerza en el ambiente de moralidad de las sociedades modernas, encuentro que la novela de Sofía Casanova es una novela más pensada que sentida y vista plásticamente. Es una novela sin carne, concebida intelectualmente; escrita en suelto y elegante lenguaje, pero que no nos da una emoción intensa de realidad. Tal vez el asunto contribuye a ello. Acaso es muy difícil para la fantasía moderna trasladarse al estado de alma que supone la tentación y vivirlo con intensidad para reproducirlo en una fábula. El hecho es que entre los escritores que han tratado el mismo asunto que presenta la señor Casanova, son pocos los que han acertado a darle una profunda intensidad de sentimiento humano, como Galdós en *Tormento*, o una elevada idealidad simbólica, como Zola en *La faute de l'abbé Mouret*».

En Andalucía escribe lindos versos, y recientemente ha salido a luz un tomo de ellos, fresco y oloroso, Pepita Vidal, que singulariza en España el caso tan común en nuestra América española, de muchachas como María Enriqueta, como Dulce María Barrero, como Carlota Wathes, cultivadoras hábiles y graciosas de las nobles letras.

Podría citar aún a María de Atocha Ossorio y Gallardo, a doña Concepción Jimeno de Flaquer, tan conocida entre nosotros, y a algunas más; muy pocas confirman juntamente la regla de este asendereado desvío de la mujer española por la literatura. Pero mi informe va extendiéndose más de la cuenta y por ahora pongo punto a mis disquisiciones.

Libros a la carta

A la carta es un servicio especializado para

empresas,

librerías,

bibliotecas,

editoriales

y centros de enseñanza;

y permite confeccionar libros que, por su formato y concepción, sirven a los propósitos más específicos de estas instituciones.

Las empresas nos encargan ediciones personalizadas para marketing editorial o para regalos institucionales. Y los interesados solicitan, a título personal, ediciones antiguas, o no disponibles en el mercado; y las acompañan con notas y comentarios críticos.

Las ediciones tienen como apoyo un libro de estilo con todo tipo de referencias sobre los criterios de tratamiento tipográfico aplicados a nuestros libros que puede ser consultado en Linkgua-ediciones.com.

Linkgua edita por encargo diferentes versiones de una misma obra con distintos tratamientos ortotipográficos (actualizaciones de carácter divulgativo de un clásico, o versiones estrictamente fieles a la edición original de referencia).

Este servicio de ediciones a la carta le permitirá, si usted se dedica a la enseñanza, tener una forma de hacer pública su interpretación de un texto y, sobre una versión digitalizada «base», usted podrá introducir interpretaciones del texto fuente. Es un tópico que los profesores denuncien en clase los desmanes de una edición, o vayan comentando errores de interpretación de un texto y esta es una solución útil a esa necesidad del mundo académico.

Asimismo publicamos de manera sistemática, en un mismo catálogo, tesis doctorales y actas de congresos académicos, que son distribuidas a través de nuestra Web.

El servicio de «libros a la carta» funciona de dos formas.

1. Tenemos un fondo de libros digitalizados que usted puede personalizar en tiradas de al menos cinco ejemplares. Estas personalizaciones pueden ser de todo tipo: añadir notas de clase para uso de un grupo de estudiantes,

introducir logos corporativos para uso con fines de marketing empresarial, etc. etc.

2. Buscamos libros descatalogados de otras editoriales y los reeditamos en tiradas cortas a petición de un cliente.